MÉMOIRE

EN RÉPONSE

POUR

Messieurs les Syndics de l'Association territoriale du Gast, à Aubagne

CONTRE

Les Sieurs THOMAS DE ROUX, PHILIPPE RICHARD,

PROPRIÉTAIRES, DOMICILIÉS ET DEMEURANT A MARSEILLE,

Et la Dame MARIE-CLAIRE-MAXIME ROUX,

Veuve du Sieur Jérome BORELLI,

AUSSI PROPRIÉTAIRE, DOMICILIÉE ET DEMEURANT A MARSEILLE, EN SA QUALITÉ DE MÈRE
ET TUTRICE LÉGALE DE SES ENFANTS MINEURS, HÉRITIERS DE LEUR PÈRE.

MARSEILLE,

TYPOGRAPHIE ET LITHOGRAPHIE VEUVE MARIUS OLIVE,

Rue Mazade, 28.

1854.

MÉMOIRE

EN RÉPONSE

POUR

Messieurs les Syndics de l'Association territoriale du Gast, à Aubagne

CONTRE

LES SIEURS THOMAS DE ROUX, PHILIPPE RICHARD,

PROPRIÉTAIRES, DOMICILIÉS ET DEMEURANT A MARSEILLE,

ET LA DAME MARIE-CLAIRE-MAXIME ROUX,

Veuve du Sieur Jérome BORELLI,

AUSSI PROPRIÉTAIRE, DOMICILIÉE ET DEMEURANT A MARSEILLE, EN SA QUALITÉ DE MÈRE
ET TUTRICE LÉGALE DE SES ENFANTS MINEURS, HÉRITIERS DE LEUR PÈRE.

A Messieurs les Président et Juges du Tribunal civil de première instance
séant à Marseille.

MESSIEURS,

Le Procès sur lequel le Tribunal doit prononcer, est grave, sérieux.

Sous la forme d'une demande en dommages-intérêts, Messieurs de Roux, Richard et les hoirs Borelli, qui n'ont pas osé aborder de front et directement ce procès, ont mis en question des intérêts fonciers délicats, considérables. Il ne s'agit de rien moins que de l'avenir, de l'existence même, des irrigations d'une grande portion du terroir d'Aubagne. Cette demande porte le trouble dans la possession antique d'un cours d'eau, qui fertilise un tènement, dont la valeur dépasse douze cent mille francs. Ce premier aperçu indique l'étendue que doit prendre nécessairement la discussion ; il nous faut exposer une longue série de faits, explorer des titres anciens, les commenter, leur restituer leur vrai sens, singulièrement dénaturé dans le Mémoire produit par les demandeurs. Déjà, le Tribunal a parfaitement apprécié ces difficultés, puisqu'il a sagement pensé, contrairement à l'avis de nos adversaires, qui voulaient enlever, quelque peu par surprise, un succès impossible pour eux, que la discussion orale était insuffisante, et qu'il fallait recourir à l'instruction écrite. — Nous allons donc entrer dans ce débat, et ramener la lumière là où nos adversaires ont fait naître une obscurité calculée. Notre désir, comme notre plus grand intérêt, est d'être clair. La vérité nous suffit pour repousser d'injustes prétentions.

Avant même de raconter les faits, avant de décrire topographiquement les lieux du litige, avant d'indiquer et de discuter les titres, il nous paraît utile de poser nettement les prétentions respectives des parties, telles qu'elles résultent de leurs conclusions.

CONCLUSIONS DES PARTIES.

Messieurs de Roux, Richard et les hoirs Borelli, propriétaires à Camp-major, soutiennent ceci :

« Ils ont droit aux eaux d'arrosage du Canal des moulins d'Aubagne,
« depuis le lundi midi jusqu'au samedi midi.

« Dès lors, ils ont droit de surveillance sur le Canal pour empêcher les
« usurpations des propriétaires supérieurs, et les réprimer.

« En juillet 1851, des propriétaires du Gast ont arrosé leurs champs entre
« le lundi et le samedi.

« Il y a eu procès-verbaux dressés.

Cela posé ils demandent :

« Que le Tribunal déclare, *conformément aux titres*, qu'ils ont seuls
« droit, à l'exclusion des propriétaires supérieurs du Gast et Longue-Lance,

« d'user de toutes les eaux du Canal des moulins pour. arroser leurs pro-
« priétés à Camp-major, et ce, pendant l'intervalle de temps résultant des
« titres, soit du lundi au samedi à midi :

   « Que le Tribunal les maintienne dans leurs droits d'arrosage.

   « Et par suite et conséquence, dans leur droit de surveillance sur tout le
« parcours, et toute l'étendue du Canal.

   « Qu'enfin, en réparation des contraventions constatées, les syndics du
« Gast soient condamnés à 2,500 fr. de dommages-intérêts et aux frais.

Les Syndics du Gast répondent :

   « Il n'est pas vrai que Richard, de Roux, et les hoirs Borelli aient droit aux
« eaux du Canal des moulins, du lundi midi au samedi midi, ils n'ont aucun
« droit à ces eaux.

   « Leur droit est aux eaux de fuite des moulins.

   « *Quod supererit.*

   « *Aux escapadures.*

   « Rien de plus.

   « Leur droit commence à la sortie des eaux du moulin à tan.

   « Ce qui se passe au-dessus, ne les regarde pas.

   « Ils n'ont pas droit à ces eaux, et dès lors, pas de surveillance à exercer.

   « Leur action, qui du reste est non-recevable, est mal fondée.

   « Dans aucun cas, il ne leur est dû des dommages-intérêts.

   « Et comme MM. Richard et de Roux ont violé les propriétés supérieures
« pour faire dresser des procès-verbaux illégaux, qu'ils ont par là causé
« préjudice aux arrosans du Gast, les syndics demandent 6,000 fr. de dom-
« mages-intérêts et les dépens.

Voilà posés les termes du procès qui s'agite.

État des Lieux.

La commune d'Aubagne occupe une zône de huit kilomètres environ de
longueur dans la vallée de l'Huveaune, de l'amont à l'aval de cette rivière.

Les parties basses de la vallée, assez larges pourtant, sont seules arrosables.

Les terres arrosées dans le périmètre de la commune ont une superficie de deux cent cinquante-cinq hectares environ.

La valeur moyenne de l'hectare est de dix mille francs.

C'est donc une valeur totale de deux millions cinq cent cinquante mille francs, répartie très-inégalement entre quatre cent quatorze propriétaires.

Ces terrains arrosables se divisent naturellement en deux grandes portions.

La première et la plus considérable est en amont de la ville, sa superficie est de deux cents hectares environ.

C'est le Gast et Baudinard.

Le Gast arrose 118 hectares, d'une valeur de 1,200,000 fr., appartenant à 236 propriétaires.

Baudinard arrose 76 hectares, 31 ares, d'une valeur de 760,000 francs, appartenant à 116 propriétaires.

La portion en aval d'Aubagne n'est que de cinquante-quatre hectares, soixante-et-dix-neuf ares.

C'est le quartier de Camp-major, d'une valeur de 548,000 francs, appartenant à 62 propriétaires.

Telles sont les deux grandes divisions, qui résultent d'une vue d'ensemble.

Descendons maintenant aux détails, et tout d'abord occupons-nous de la section qui se présente la première, en descendant le cours de l'Huveaune.

A quatre kilomètres environ de la ville d'Aubagne, hors de sa circonscription communale, et sur les limites de la commune de Roquevaire, une digue en maçonnerie traverse l'Huveaune d'une rive à l'autre.

Les eaux retenues par cette digue coulent dans un canal connu sous le nom de Grand Béal, Béal du Gast, ou des Moulins; les noms divers que porte ce canal, indiquent sa double destination. Il arrose les terres qu'il traverse et qui composent un grand quartier rural, le quartier du Gast; et il conduit les eaux qui servent de moteur à deux moulins, connus sous le nom de Moulins d'Aubagne.

A quelques mètres au-dessous de cette digue, est une autre digue, qui arrête les eaux de surverse de la digue supérieure, et donne naissance à un canal d'irrigation, appelé Canal de Baudinard.

Ces deux canaux des Moulins et de Baudinard sont juxtà-posés, au commencement de leurs cours.

A peu de distance de leurs prises, est une martelière établie dans le canal des Moulins, disposée de manière à déverser dans le Canal de Baudinard la moitié des eaux, qui coulent dans le Canal des Moulins, lorsqu'on doit arroser.

Le partage des eaux entre le propriétaire des Moulins d'Aubagne et les terres du Gast et de Baudinard est parfaitement réglé par un titre fameux, par l'acte du 8 juin 1518, dont nous parlerons plus tard.

Lorsque les heures d'arrosage sont arrivées, la martelière dont nous avons déjà parlé, divise les eaux du Canal des Moulins en deux portions égales, dont l'une est jetée dans le béal de Baudinard, et dont l'autre arrose les terres du Gast.

Le quartier de Baudinard, dont nous n'aurons plus à nous occuper, a plus d'eau que le Gast, puisqu'il a la moitié de celle du béal des Moulins, plus sa prise particulière; cependant il est bien moins étendu.

Sous la dénomination générique du quartier du Gast sont comprises six subdivisions territoriales, depuis le commencement du béal des moulins jusque sous les murs d'Aubagne.

Ces subdivisions s'appellent : Mayon d'Huveaune, Plan de Baudinard, les Condamines, Gavedelle, Longue-Lance, les Défensions.

Elles sont distribuées sur les deux rives du Canal des Moulins, dont la longueur est, depuis la prise de l'Huveaune jusqu'à la hauteur d'Aubagne, de plus de quatre kilomètres.

A l'extrémité du quartier du Gast, et tout près de la ville d'Aubagne, sont placés : le moulin neuf d'abord, puis le moulin vieux, que font mouvoir les eaux du Canal, dont nous venons de suivre le cours.

Ces moulins, jadis propriété du seigneur d'Aubagne, puis de la commune, appartiennent aujourd'hui à M. Maurette.

Entre ces deux moulins sont plusieurs prés à l'arrosage.

A la sortie du moulin vieux, le canal prend le nom de Canal de fuite des Moulins. Il arrose un second pré, appartenant au propriétaire des moulins.

Puis les eaux de ce même Canal de fuite fournissent à une prise considérable, qui s'en va arroser les prés de la Franchisque.

Elles arrosent par la prise de la Palette, placée au-dessus de la chute du moulin vieux, ce qui reste des prairies de l'ancien domaine de l'Évêché.

Puis ce canal sert aux usages d'une verrerie et d'une toilerie (l'ancien Paroir), qui appartient maintenant aux hoirs Ricard, passe par un aqueduc souterrain, sous la route d'Aubagne à Roquevaire, circule dans l'ancien domaine de l'Évêché, franchit l'Huveaune sur un pont aqueduc, fournit de l'eau à la fabrique de tannerie de M. Imbs, arrose les terrains en dépendant alimente une roue à godets servant à une ancienne distillerie, et arrive enfin au moulin à tan, autrement dit à rusque, jadis propriété de la famille de Beausset, maintenant des hoirs Borelli.

Il y a six cents mètres de distance du moulin vieux au moulin à rusque.

Au-dessous du moulin à rusque est le quartier de Camp-major; il commence à la *Demande*, domaine de M. Richard, et se termine à l'*Aumône*, propriété de M. Bonnet, juge-de-paix d'Aubagne.

L'eau du canal de fuite des moulins, sortant du moulin à tan, entre dans un canal qui prend le nom de Canal de Camp-major.

Là, mais là seulement, commence le droit de Camp-major.

Le Gast, Baudinard, Camp-major ont chacun un syndicat légalement institué et portant le nom du quartier, dont il est chargé de défendre les droits.

Droits et modes d'arrosages des trois Syndicats.

La topographie des lieux ainsi exposée, il est nécessaire de la compléter, en indiquant comment chaque quartier arrose; le mode, la durée des arrosages du Gast, de Baudinard, de Camp-major.

Baudinard, le Gast.

Ces quartiers sont arrosés de toute antiquité.

Le titre le plus ancien, que nous ayons trouvé, est une délibération du 7 septembre 1408; puis vient un acte sous la date du 29 mars 1475, portant délibération de la Commune d'Aubagne, approuvé par l'évêque de Marseille, seigneur d'Aubagne; on y lit :

I. « Ledit respectable Monseigneur consent en faveur de ladite communauté « de prendre l'eau du béal, tous les jours de samedi, à l'usage desdits jardins « jusqu'au lundi au lever du soleil, et tous les jours de fêtes, si les moulins ne « dérivaient pas, et toujours un ray d'eau pour les ortollailles comme est et « a été de coutume de toute ancienneté. »

Plus tard, le 8 juin 1518, une transaction intervient entre l'évêque de Marseille, le cardinal Cibo, et les propriétaires arrosant avec les eaux du canal des Moulins.

Il a été convenu entre ces derniers et l'évêque, alors propriétaire des moulins :

« Que l'on arroserait, pendant deux jours de la semaine, depuis le samedi « à midi jusqu'au lundi à pareille heure, et que de plus, du lundi au samedi, « les propriétaires arrosans auraient le droit d'ouvrir, dans leurs prises, des « trous de la grosseur d'un œuf pour l'irrigation, mais à la condition de « n'en tenir ouverts à la fois que six, depuis l'origine du canal jusqu'aux « moulins.

« En outre, les riverains ont le droit d'arroser pleinement de minuit à minuit, « les jours de fêtes ci-devant chômées, qui suivent :

« L'Annonciation, 25 mars; le lendemain et le surlendemain du jour de « Pâques; le jour de l'Ascension; le lendemain et le surlendemain du jour de « la Pentecôte; le jeudi qui précède le dimanche, où l'on célèbre la Fête-Dieu; « le jour du Sacré-Cœur, qui est le vendredi dans l'octave de la Fête-Dieu; le « jour de saint Jean-Baptiste, 24 juin; le jour de saint Pierre, 29 juin; le jour « de sainte Magdeleine, 22 juillet; le jour de saint Laurent, 10 août; le jour « de l'Assomption, 15 août; le jour de saint Lazare, 31 août; le jour de la « Nativité de la Vierge, 8 septembre. »

Ce titre a traversé bien des années et bien des procès, et aujourd'hui le Gast et Baudinard ont conservé intact ce droit d'arrosage.

Ces deux syndicats ont deux jours d'arrosage par semaine, plus les trous de la grosseur d'un œuf, et les fêtes chômées.

Le Gast a la demie des eaux du béal des moulins; Baudinard l'autre demie, accrue de la surverse de la première digue, recueillie par la seconde digue, dite de Baudinard.

Voilà clairement établis [les droits des arrosants, en amont d'Aubagne,

Ces droits ont été respectés par l'arrêté du 3 septembre 1813, article 9, dont nous parlerons plus tard.

Ils sont consacrés par un jugement du 22 août 1846, un arrêt du 16 juin 1848, et un autre jugement du 1er mai 1850.

Entre cette zône et la zône de Camp-major est une zône intermédiaire, limitrophe d'Aubagne, dans laquelle l'eau du canal des moulins sortant de ce canal, entre dans un autre canal Canal dit de Fuite des Moulins, fait mouvoir plusieurs usines, arrose diverses parcelles de terres et arrive, après un parcours de six cents mètres environ, au moulin à tan, dit le Moulin à rusque.

C'est à ce moulin à tan que commence le droit à l'eau, le droit de surveillance de Camp-major : au-delà de ce moulin à tan, Camp-major n'a aucuns droits à prétendre.

A ce moulin à tan commence le canal dit de Camp-major.

Anciennement l'eau du canal des moulins, après avoir arrosé les quartiers supérieurs et mis en mouvement le moulin, se jetait dans l'Huveaune, jadis Le Veaune.

Plus tard, le paroir à drap et le moulin à rusque ayant été établis, un canal, dit de Fuite des Moulins, fut construit, et à la sortie du moulin à rusque l'eau retombait dans l'Huveaune.

Un peu au-dessous de ce point, Camp-major avait une écluse, et son arrosage particulier et indépendant : l'eau arrêtée par son écluse lui appartenait ; rien au-dessus, rien au-delà.

Cette écluse fut supprimée pour cause de salubrité publique, et alors, sous les dates des 21 janvier 1549 et 9 mars 1549, une transaction intervint entre le Camp-Major et la commune d'Aubagne.

Dans ces titres Camp-major puise ses droits à l'eau du canal des moulins.

Nous les discuterons plus tard en les analysant, et il sera facile de démontrer que ces titres n'ont ni le sens ni la valeur, qu'on essaie de leur prêter.

Postérieurement, et le 12 mars 1839, une ordonnance du roi autorisa Camp-major à établir un barrage dans l'Huveaune, en tête de la propriété de M. de Roux, dite La Péronne.

Donc, et sauf les droits respectifs des particuliers de Camp-Major, les uns vis à vis des autres, Camp-major a les eaux qui arrivent dans son canal, dit de Camp-major, à sa sortie du moulin à rusque, et celles que son barrage dans l'Huveaune lui donne.

A la martellière de Camp-major, placée à côté du moulin à rusque, s'arrête son droit.

Au-dessus de cette martellière, Camp-major n'a ni droit de propriété, ni droit de surveillance sur les eaux, le canal et ses francs-bords.

FAITS.

Après avoir posé le débat par l'analyse des conclusions, constaté l'état des lieux actuels, et indiqué les modes et droits d'arrosage, il nous faut raconter la série de faits, à la suite desquels la demande introduite par les adversaires a été formulée.

Ces faits ne sont pas tous récents, tant s'en faut. Il en est quelques-uns, qui remontent au quinzième siècle ; cependant on ne pourrait, sans inconvénient, les éliminer de la discussion.

Ce Mémoire n'est point une dissertation historique, il n'a pas une si haute prétention; mais il doit emprunter à des faits historiques des arguments sérieux.

Nous ferons donc de l'histoire le moins possible, mais suffisamment pour la défense des intérêts de nos clients.

Nous citerons des textes, des documents certains, à l'appui de nos assertions.

Cette marche, pas à pas, vaut mieux, selon nous, que les imaginations aventureuses du mémoire des demandeurs.

Afin de mettre plus de clarté dans cet exposé, nous le diviserons en deux sections.

La première comprendra l'examen historique des titres du quartier du Gast, on y verra la formation graduelle de l'état de choses actuel.

La deuxième section traitera des titres du quartier du Camp-major, de l'augmentation, de la transformation progressive de ses moyens d'irrigation, enfin des tentatives faites jusqu'à ce jour pour troubler la paisible possession des quartiers supérieurs.

Cette division des faits historiques est nettement indiquée par les titres eux-mêmes.

Elle est naturelle, logique; elle ressort de la situation topographique du Gast et de Camp-major, de ces deux syndicats, entre lesquels il n'y a pas, il n'y a jamais eu, et il ne peut jamais y avoir aucun point de contact, aucun lien de fait, ni de droit.

———

SECTION PREMIÈRE.

Examen des titres du quartier du Gast.

Ecartons tout d'abord les prétendues vérités historiques, que nous trouvons dans le mémoire des adversaires :

« En l'année 1400, disent-ils, le comte d'Avelin de la famille de Villars, pro-
« priétaire de la baronnie d'Aubagne, fit construire, à cinq ou six cents pas de
« la ville d'Aubagne, dans le quartier des Défensions, un moulin à blé, qu'on
« appelle Moulin vieux.

« Pour faire tourner ce moulin, ce seigneur avait fait creuser un canal qui
« dérivait les eaux de l'Huveaune en les prenant au pont de l'Etoile, dans le
« territoire de Roquevaire, et les conduisait au moulin à blé.

« Beaucoup plus tard, un second moulin à blé fut construit au-dessous du
« premier, qui ne suffisait plus pour les besoins de la population toujours crois-
« sante d'Aubagne, et ont l'appela le Moulin neuf, par opposition au moulin
« vieux.

« Le canal de dérivation fait au profit de ces moulins seigneuriaux, qui
« n'étaient qu'une dépendance, qu'un accessoire de ces moulins, prit la

« dénomination de canal des moulins, et c'est celle qu'il porte encore actuel-
« lement.

« Le seigneur, comte d'Avelin, avait fait aussi construire au-dessous du
« moulin vieux un paroir à drap (aujourd'hui verrerie Turcat), et au-dessous
« de ce paroir un moulin à rusque, aujourd'hui moulin à farine des hoirs de
« Jérôme Borelli. »

Il faut convenir que ces assertions historiques sont absolument neuves. Il
est vrai qu'elles sont favorables aux adversaires, en ce qu'elles tendraient à
faire croire que le béal des moulins et le canal de fuite sont la même chose,
qu'il avait aux yeux de leur créateur la même importance, puisque le comte
d'Avelin aurait fait creuser le canal pour l'usage de trois usines, le moulin
vieux, le paroir à drap, et le moulin à rusque.

Ainsi, du pont de l'Étoile jusqu'à la dernière usine le béal serait la création
d'un seul : l'œuvre essentiellement une du comte d'Avelin, ayant toutefois une
triple destination.

Nos adversaires ont intérêt à présenter les choses sous ce point de vue.

Usagers des eaux du canal de fuite des moulins et non du canal des moulins,
ils veulent obtenir, sans titre, l'usage de ce dernier cours d'eau, et pour arri-
ver à cette fin ils essayent d'établir, que le canal de fuite est le canal même; ils
confondent sciemment deux choses distinctes.

Mais assurément nos adversaires n'atteindront pas leur but, en attribuant au
comte d'Avelin toutes ces créations.

Ils se sont bien gardés de citer le moindre document sur le comte d'Avelin;
cela leur serait par trop difficile. Pourtant il serait nécessaire de le faire; car il
n'est guère possible que nous et le Tribunal les croyons sur parole.

Le comte d'Avelin n'est pas un personnage historique. Papon, *Histoire de
Provence*, t. p. 530, parle du seigneur d'Aubagne au commencement du
XVe siècle : il se nomme Hugues Geoffroy III, seigneur de Trets, de Toulon,
et d'Aubagne. Il paraît qu'il était de la grande maison féodale des Baux.

Depuis 1200, la baronie d'Aubagne appartenait à la famille des Baux; le
prévôt et le chapitre, à qui l'empereur Frédéric avait reconnu la suzeraineté,
inféodèrent les terres à l'illustre maison des Baux, en se réservant la suzeraineté
et l'hommage.

En 1379, François de Baux fut investi de la baronie; il la posséda jusqu'en 1390. Sa nièce, Hélipide de Baux, épouse d'Odo de Villars, comte d'Avelin, lui succéda en qualité de nue-propriétaire; sa veuve, dame Philippine de Vintimille, dame de la Verdière, lui succéda en qualité d'usufruitière.

En 1526, la dame Hélipide de Baux étant décédée sans postérité, la maison des Baux s'éteignit.

A l'époque de l'entière extinction de cette famille (1426), la baronie d'Aubagne fut réunie au comté de Provence par Louis III; donnée en 1433 à Charles de Castillon, elle fut plus tard rachetée par le roi Réné, qui, le 20 février 1453, en investit définitivement l'évêque de Marseille en la personne de Jean Allardeau en échange des terres d'Alleins, de Saint-Canat et de Valbonnête; depuis lors la baronie d'Aubagne est restée annexée à l'évêché de Marseille.

On peut voir à ce sujet la *Statistique des Bouches-du-Rhône*, t. 2, p. 807, le *Dictionnaire de Provence*, v° Alleins, p. 52, t. 1, et le *Calendrier spirituel*, imprimé à Marseille en 1759, p. 129.

Rien donc n'établit que le Canal des Moulins soit l'œuvre du comte d'Avelin; sa femme, Helipide de Baux, a possédé en qualité de nue-propriétaire la baronie d'Aubagne, quelques années durant: mais cela ne prouve en rien que le Canal des Moulins et le Canal de fuite soit l'œuvre du comte.

Et si peu le Canal actuel, tel qu'il existe aujourd'hui, est l'ouvrage du comte d'Avelin, qu'en 1518 (la transaction du 8 juin en fait foi), l'évêque de Seyssel voulait établir le Canal des Moulins à l'extrémité du terroir d'Aubagne, et que c'est postérieurement à cette époque que le Canal des Moulins a eu sa prise placée au pont de l'Etoile.

Plus tard nous verrons bien des faits combattre victorieusement les allégations de nos adversaires au sujet de ce Canal et des prétendus travaux du comte d'Avelin.

Aussi loin qu'on puisse remonter dans l'histoire d'Aubagne, on voit que les terres de cette commune, qui sont aujourd'hui le quartier du Gast, sont arrosées par les eaux du Canal dérivé de l'Huveaune, et qui sert pareillement à l'usage du moulin seigneurial.

On lit dans une transaction intervenue entre le Seigneur d'Aubagne et les habitants, le sept septembre 1408, duquel acte nous avons sous les yeux seulement un extrait *parte in quâ* déchiffré par M. Pardigon, poléographe à Aix.

« Item voluerunt et ordonnaverunt ut quælibet persona ipsius castri vel ibi
« habitans, possit et valeat, *prout consuetum est ab antiquo*, omnibus die-
« bus, omnique tempore, de aquis bedalis molendinorum dicti castri, ad unam
« rigam in causa irrigandi caules et porros et alias ortolarias et germina or-
« tolorum dumtaxat orti sint... »

Ainsi, en 1408, on parlait de l'irrigation par le canal du moulin banal, comme
de coutume antique. On peut citer encore d'autres titres pour établir ce point.

Le Moulin seigneurial fut emporté par une crue de l'Huveaune en 1444.
L'année suivante, le roi Réné, pour lors baron d'Aubagne, fit construire à trois
cents mètres de la ville, dans le quartier des Défensions, un moulin à trois tour-
nants, appelé aujourd'hui Moulin Vieux ; pour le faire fonctionner il se servit
du canal déjà existant, mais sans nuire aux droits des arrosants

Il est à remarquer que ces eaux étant prises dans une rivière qui n'est pas
navigable, étaient, sous l'ancien régime, comme régale mineure, une dépendance
du fief ; qu'elles n'ont donc pû être détournées, qu'avec l'approbation du seigneur ; et qu'en fait elles l'ont été par son ordre et dans son intérêt, puisque les
moulins, pour lesquels le canal a été creusé, étaient moulins seigneuriaux.

En sorte que dans le Canal, comme dans la rivière, l'eau était la propriété
exclusive du seigneur d'Aubagne.

Comme il était de la plus haute importance pour tout possédant fief d'augmenter la population et les produits de sa terre, et que ce double but ne pouvait être mieux atteint que par des concessions d'arrosage, on comprend aisé-
ment combien les seigneurs d'Aubagne durent se montrer faciles à consacrer à
l'irrigation de ce terroir les eaux du canal, lorsqu'elles ne leurs étaient plus in-
dispensables pour le service de l'usine ; et à défaut du titre primordial, qui re-
monte à une époque trop éloignée pour pouvoir être produit, le fait de cette
concession est constaté par cette circonstance remarquable, que le temps de
l'arrosage est fixé.

De là cette conséquence indubitable, que ce n'est pas dans un intérêt indivi-
duel et par suite d'entreprises isolées, que l'arrosage a été établi à Aubagne.

La distribution systématique des eaux, les limites apposées à leur affectation à l'agriculture, témoignent de l'existence d'un plan général déterminé par

des vues d'intérêt public, et d'une concession formelle, sans laquelle la spoliation partielle du seigneur et la modération des particuliers dans leurs usurpations demeureraient inexplicables.

Les faits qui suivent, justifient complètement l'exactitude de ces considérations :

L'évêque de Marseille, devenu propriétaire des Moulins, avait, en 1475, concédé à Joseph Aubric, chaudronnier, un emplacement au-dessus du béal des Moulins pour y construire un martinet; l'établissement de cette usine exigeait un changement dans l'emplacement du Canal.

A ce sujet, le conseil de la Communauté s'assemble, il déclare que ce changement est très-préjudiciable à la Communauté à cause de l'usage des eaux pour les jardins du terroir (circa usum aquæ bedalis pro hortis ipsius loci), et cependant, par respect pour l'évêque et par amitié pour son concessionnaire, le Conseil consent au déplacement du béal; et afin qu'il y soit amené une plus grande quantité d'eau, il fait offre d'un certain nombre de journées d'ouvriers, pourvu que l'évêque consente en faveur de la Communauté à ce que l'eau soit employée aux arrosages, du samedi au lundi et tous les jours de fêtes, et à ce que, tous les jours, il y ait un filet d'eau consacré aux légumes, selon l'ancien usage (omni die unum ragium pro hortolaliis, prout est et fuit consuetum ab antiquo.)

Procès-verbal (copie du) de cette délibération est au dossier, il est à la date du 29 mars 1475. La chose fut ainsi exécutée.

Remarquons en passant, que dans ces dispositions relatives à la conservation, au maintien et à l'augmentation de l'arrosage, c'est la Communauté qui stipule, et non les riverains du Béal individuellement.

Cet arrosage est donc l'effet d'une concession faite dans un but d'intérêt général, et non la suite de possessions distinctes et individuelles.

Vers l'année 1517, Claude de Seyssel, évêque de Marseille, baron d'Aubagne, voulut porter la prise du Canal des Moulins aux confins du territoire d'Aubagne.

Ces travaux troublèrent la possession des usagers du Canal. Ils en vinrent aux voies de fait, bouleversèrent le nouveau béal et détruisirent l'écluse.

L'évêque lança un monitoire contre les habitants d'Aubagne, coupables d'avoir porté la main sur les biens de l'Eglise.

Sur l'opposition que firent les syndics et les particuliers d'Aubagne, (*syndici et homines loci Albaneœ*), la cause fut déférée au comte de Villars, gouverneur de Provence, qui donna raison à l'évêque.

Claude de Seyssel, promu à l'archevêché de Turin, fut remplacé sur le siège de Marseille par le cardinal Innocent Cibo, qui en prit possession, le 27 septembre 1517.

Le nouvel évêque montra des dispositions plus pacifiques que son prédécesseur. Il voulut même étendre les anciennes concessions faites aux habitants d'Aubagne.

C'est ce qui fut exécuté dans la transaction du 8 juin 1518, acte important, véritable charte des droits du quartier du Gast, et que l'illustre de Belzunce a jugée assez intéressante pour la mentionner dans son *Histoire des Evêques de Marseille.*

Dans cet acte, où figurent comme parties contractantes, d'une part, le mandataire du cardinal Cibo; de l'autre, les syndics de la Communauté d'Aubagne, et soixante-et-dix-sept particuliers du même lieu, on expose d'abord les prétentions respectives.

Celles de l'évêque tendraient à se poser comme maître absolu du Canal et des eaux, dont l'usage n'aurait été acquis aux riverains qu'à titre de pure tolérance.

La Communauté et les particuliers réclament, au contraire, un droit de possession ou de quasi-possession sur ces eaux, droit qui était caractérisé de la manière suivante: Permission et prescription de communauté ou d'universalité.

Cette allégation d'une origine communale, incompatible avec l'idée d'une possession ou prescription individuelle, explique la présence des représentants de la Communauté à la transaction, et le rôle qu'ils y jouent.

Le dispositif de cet acte confirme les usages observés jusqu'alors : « Le sei-« gneur laissera le Béal en son premier état; mais il pourra le refaire, l'élar-« gir, l'approfondir; des arbitres détermineront le nombre d'espaciers qu'il « faudra faire, lesquels seront établis en pierres de taille aux frais de ceux à

« qui appartiendront les prés contigus ; pendant les deux jours affectés à
« l'arrosage, les espaciers pourront être ouverts ; les autres jours, il ne sera
« permis de prendre l'eau du Béal sans la permission du député à ce sujet,
« sinon pour arroser les jardinages et les légumes; à cet effet, il sera pratiqué
« dans chaque espacier un trou de la grosseur d'un œuf, lequel pourra être
« ouvert tous les jours , pourvu néanmoins qu'on n'en ouvre pas plus de six
« à la fois. »

Telle est la transaction de 1518. Elle porte expressément que les espaciers
peuvent être ouverts, tous les samedis à la neuvième heure du jour ou soit
midi, et les tenir ouverts jusqu'à la première heure de midi du lundi suivant :
« Item quod dicti homines habentes spaceria limitata , prout supra, possint illa
« aperire, singulis diebus sabatinis post horam nonam sive meridiem, et illa
« tenere aperta usque ad primam horam meridiei, die lunæ sequentis. »

On ne sait comment, en présence de ce texte, les adversaires ont pu, à la page
24 de leur Mémoire, dire que la transaction de 1518 ne concédait l'arrosage
que du dimanche neuf heures au lundi midi ; à moins cependant que le jour de
dimanche ne soit pour les demandeurs la même chose que le jour du sabbat.
Aussi est-ce plaisir de les voir, partant de cette erreur radicale, parler constamment d'abus, d'empiètements, d'usurpations, etc.

Le 20 janvier 1582, la Communauté d'Aubagne acquit, par acte aux minu-
tes de Me Abel Hugolini, notaire à Aix, la propriété du Moulin Vieux et du
Cours d'eau, moyennant la cense annuelle et perpétuelle de cent charges de blé
bon et marchand.

Il importait au nouveau propriétaire, pour le moins autant qu'au seigneur,
d'augmenter les produits de son territoire, et d'accroître ainsi les ressources
affectées à ses dépenses; aussi la commune chercha-t-elle, peu après son acquisition, à étendre la superficie des terrains arrosés par les eaux du Canal.

Dans ce but, elle remplaça l'ancien béal par un béal situé plus à l'est, et qui
ayant un niveau plus élevé et un parcours plus éloigné de l'Huveaune, permettait de faire participer une plus grande étendue de terres aux bienfaits de
l'irrigation.

Ce fait est constaté par un rapport judiciaire du 24 septembre 1648, dont
copie est versée au procès.

Maîtresse du Canal et de l'eau, la Communauté fesait des concessions d'arrosage, sous les conditions qu'il lui convenait de fixer, aux propriétaires que la position de leurs terres excluait auparavant de toute participation à cet avantage.

C'est ainsi que, par délibération du cinq août 1631, elle consentit en faveur de M. de Napollon, aujourd'hui représenté par M. R. de Roux, dans le quartier des Condamines, la faculté d'arroser cinq panaux de sa propriété, à condition qu'il ne prendrait l'eau que le dimanche après vêpres, et qu'il paierait une somme de 120 livres.

La construction d'un nouveau moulin (le Moulin neuf au-dessus de l'ancien), amena la nécessité de relever le niveau du béal dans une partie de son cours; et, à partir du point de la martellière de Constant, un nouveau béal fut creusé pour le service des moulins. Les terres comprises entre ce béal et le Canal Vieux, qui n'a plus aujourd'hui d'autre destination que celle de servir à l'arrosage, sont aujourd'hui connus sous le nom de Longue-lance.

La délibération du 25 février 1676, relative à la construction du nouveau moulin et au changement de l'emplacement du Béal, veut que les propriétaires dont les terrains sont traversés par ces nouvelles œuvres, reçoivent une indemnité, avec cette condition qu'ils ne pourront se servir de l'eau pour arroser, et ce (dit la délibération) *pour ne innover aucuns nouveaux arrosages.*

Cette défense imposée par la commune seule, et toute arbitraire de sa part, n'a pas empêché, dès 1727, qu'elle ait porté sur son cadastre les terres de Longue-lance comme arrosables, et qu'en fait ces terres n'aient été arrosées comme les autres propriétés riveraines du canal, en vertu du droit préexistant que ce quartier avait à l'arrosage.

Depuis l'année 1676, l'état des lieux n'a plus changé.

Vers le milieu du dernier siècle, commença entre les propriétaires inférieurs et supérieurs du quartier du Gast un long débat pour régler l'usage des eaux du Canal des Moulins.

Ce procès fut interrompu par la Révolution; mais le syndicat, institué en 1769, n'a plus cessé d'exister. Le jugement du 1er mai 1850 a mis fin à ce procès.

3

Par suite de l'exécution de la loi du 20 mars 1813, les moulins d'Aubagne, propriété de la commune, furent vendus administrativement.

Le cahier des charges à la date du 3 septembre 1813, mentionne, dans son article 14, les droits d'arrosage du quartier du Gast; il mentionne la jouissance à partir du samedi midi jusqu'au lundi à pareille heure. Il se tait, il est vrai, sur les six trous de la grosseur d'un œuf; mais cette omission est sans importance, puisque l'article 9 dispose :

« S'il est des possédans biens des quartiers qui aient quelques titres par-
« ticuliers dont il ne soit pas fait mention dans le présent arrêté, il leur est
« réservé de les faire valoir ainsi qu'il appartiendra, sans que l'adjudicataire
« puisse réclamer aucune indemnité pour raison de ce. »

Par cette clause se trouvent sauvegardés tous les droits qui résultent pour le quartier du Gast de la transaction de 1518, qui lui donne si expressément le droit d'avoir, chaque jour de la semaine, ouverts à la fois, dans les espaciers, six trous de la grosseur d'un œuf.

Il y a quelques années, fut reprise la contestation entre les propriétaires inférieurs et supérieurs du quartier du Gast.

Ces derniers, qui prétendaient arroser par rang de priorité, succombèrent enfin dans leurs prétentions, et, le 1er mai 1850, fut rendu un jugement par le Tribunal de Marseille, qui promulguait pour le quartier du Gast un règlement d'arrosage en quarante-trois articles.

Ce jugement est actuellement passé en force de chose jugée.

Voici les points essentiels de ce Règlement :

ARTICLE PREMIER. — Il est établi entre toutes les propriétés composant l'association du Gast un règlement d'arrosage à tour de rôle.

ART. II. — A cet effet, sur le contrôle dressé pour l'établissement de la contribution que nécessitent les dépenses de l'association, il sera assigné par les syndics un numéro invariable, depuis le pont de l'Étoile jusqu'au moulin vieux.

ART. III. — Les propriétés comprises entre le béal du moulin vieux et celui du moulin neuf (quartier de Longue-lance), ne viendront dans la liste spéciale qui sera dressée, qu'après toutes celles arrosant par le béal vieux.

(Viennent après vingt-quatre articles, qui prescrivent en détail de quelle manière doivent se faire les arrosages, et tracent la marche à suivre pour l'exécution de ce règlement.)

Art. XXVIII. — Les trous de la grosseur d'un œuf, au nombre de six au plus, seront pratiqués dans l'épaisseur d'une des culées de chaque prise ; pour les arrosans par le béal vieux abandonné par les moulins, les trous seront pratiqués sur le béal neuf au lieu où il existe des coups perdus, afin de ramener les eaux dans le béal vieux. Ces trous seront formés par des tuyaux en poterie, ayant six centimètres et demi de diamètre du côté du canal, quatre centimètres et demi à l'autre extrémité, et quinze centimètres de longueur.

Art. XXIX. — Il ne sera jamais ouvert plus de six trous à la fois sur une ou plusieurs prises, la fermeture s'opérera par un bouchon en bois garni d'étoupes et placé du côté du canal, de manière à éviter toute perte d'eau ; ces trous resteront fermés, depuis le samedi à midi jusqu'au lundi à midi de chaque semaine.

Art. XXX. — Ils seront placés à six centimètres au-dessus du plafond du canal, qui sera pavé vis-à-vis, et dont les berges seront maçonnées sur une petite longueur. — La largeur du canal sur ce point sera partout ramenée à la largeur d'un mètre (quatre pans), fixée par les anciens titres.

Art. XXXI. — La contenance arrosée par l'eau provenant des trous de la grosseur d'un œuf, est fixée à vingt-un hectares et vingt centiares, chaque propriétaire devra s'en servir pour le cinquième de la surface totale de sa propriété, qui sera dès lors cultivée en jardinage ou légumes.

Suivent des dispositions de pur détail.

Tel est l'état de choses actuel, nous en avons recherché les origines, nous en avons suivi le développement historique, et ces notions, que nous avons acquises, abrégeront d'autant la discussion.

Mais avant de faire le même travail sur les irrigations de Camp-major, qu'il nous soit permis de remarquer :

Que dans les actes que nous avons cités et analysés, nous n'avons jamais vu les propriétaires de Camp-major intervenir ; par aucun lien de droit résultant d'un contrat, ils ne peuvent établir des rapports juridiques avec le quartier du Gast.

La suite des faits ne démentira point cette observation.

Et les titres de Camp-major nous fourniront l'occasion de la reproduire.

SECTION DEUXIÈME.

Examen des Titres du quartier de Camp-Major.

En commençant cette partie de notre tâche, nous trouvons encore, dans le Mémoire des adversaires, le comte d'Avelin, baron d'Aubagne, creusant le béal des moulins et le continuant jusqu'au Paroir à drap, et au moulin à rusque.

Nous répéterons encore ici aux demandeurs, que puisqu'ils ont un tel besoin du comte d'Avelin pour établir l'identité du béal des moulins avec le fossé d'écoulement qui reçoit ses eaux à la sortie des moulins, ils auraient dû se munir de quelques preuves de ses travaux.

Jusque là, nous persistons à ne pas admettre les actes qu'on lui attribue, bien que, prouvés qu'ils fussent, ils seraient sans grande importance aux débats.

Avant la construction du moulin vieux, ainsi que l'atteste la tradition locale (ce qu'il serait au surplus facile d'établir par titres, si par aventure on le contestait), les eaux provenant du canal d'irrigation dit du Gast, et qui servaient aussi de moteur au moulin que la rivière emporta dans l'année 1444, tombaient dans un fossé d'écoulement (à la sortie du moulin), et étaient rejetées dans l'Huveaune.

Lorsque la prise du béal des moulins eut été reportée au pont de l'Étoile après 1518, et même lorsque le moulin vieux eut été construit (1445), les eaux qui en provenaient, se divisaient en trois parties à leur sortie du moulin vieux.

L'une servait à l'irrigation de la partie inférieure de l'ancien quartier des Défensions et tombait ensuite dans la rivière, à l'extrémité du domaine du sieur Lions, propriété encore appelée la Franchisque.

La seconde branche, qui était la plus considérale et le principal fossé d'écoulement du canal du moulin vieux, après avoir fait mouvoir le paroir à drap situé à trois cent mètres environ du moulin vieux, coulait vers les fabriques de tanneries à diverses usines alors existantes au faubourg du Mouton, et de là retombait immédiatement dans l'Huveaune.

La troisième branche fournissait un petit volume d'eau pour l'arrosage des terres du domaine de l'Évêché, dont MM. de Roux et Richard possèdent aujourd'hui deux parcelles de peu d'importance à l'arrosage.

Ainsi, le grand canal du Gast ou des moulins s'arrêtait au moulin : et les eaux de ce canal, après avoir fait tourner le moulin, retournaient à l'Huveaune et devenaient propriété commune.

Néanmoins, quelque communes que fussent ces eaux, et bien qu'elles fussent la propriété du premier occupant, les propriétaires inférieurs ne purent en faire usage sans le consentement de l'Évêque.

Par acte reçu par Me Pierre Bausset, notaire à Aubagne, le 25 juin 1486, Messire Jean Allardelly ou Allardeau, Évêque de Marseille et baron d'Aubagne, donna et transmit en emphithéose perpétuelle le moulin à paroir (aujourd'hui la verrerie et toilerie), à Hugues de Paris l'aîné, d'Auriol.

La clause relative à l'usage de l'eau de fuite du Canal du Moulin Vieux est ainsi conçu : Cum usu bedalis descendente à molendinibus ipsius Reverendi « domini. »

A cette époque, le quartier inférieur de Camp-major avait un arrosage particulier et indépendant, à l'aide d'une écluse fixe placée dans le lit de l'Huveaune, à quatre cents mètres de distance d'Aubagne ; cette écluse était appuyée, d'un côté, à la propriété en prairie du sieur Jacques Milonis, dite la Roquête, possédée aujourd'hui par les hors Borelli, et de l'autre, à celle du sieur Jean Guin, aujourd'hui appartenant à M. Max. Maurel, avocat.

Pour mieux utiliser les eaux superflues provenant du Canal du Moulin Vieux, on leur donna une nouvelle direction.

Au lieu de retomber dans l'Huveaune, au faubourg du Mouton, elles furent conduites à deux mètres de distance en amont de l'écluse particulière de Camp-Major, ce qui s'effectua par le creusement d'un canal longeant la propriété du sieur de Porta, et celles de Jacques Milonis.

De Porta et Jacques Milonis mirent à profit tous les avantages que leur donnait ce nouvel état de choses.

De Porta fit construire le moulin à rusque (attribué par les demandeurs au comte d'Avelin), et Milonis fit servir les eaux de ce canal à l'irrigation de ses terres, qui furent transformées en prairies.

Il y avait encore, dans cette zône, divers moulins et usines, et nous pouvons entr'autres citer, comme prouvant ce fait, des reconnaissances faites en 1476, 1486, 1501.

Par acte du 15 juillet 1523, notaire Marini à Aubagne, Jacques Milonis consentit en faveur de Jacques Guiny à ce que celui-ci eût le pouvoir et le droit de construire ou de faire faire dans son pré, et de long en long, un aqueduc pour conduire l'eau dans la terre de Guiny; ce dernier paya vingt-cinq florins à Milonis pour l'établissement de cette servitude.

Les grands propriétaires du quartier de Camp-Major, et notamment Pierre de Bausset, leur syndic, se plaignaient continuellement de ce que Jacques Milonis, Jean Guiny, de Porta et autres, par l'effet des constructions nouvelles qu'ils avaient faites pour l'irrigation de leurs terres, arrêtaient le cours des eaux et empêchaient qu'elles ne se rendissent à l'écluse.

Un procès était sur le point de s'engager, lorsque ces derniers, usant de la faveur et du crédit de noble Charles Forbin, de Marseille, et en invoquant la raison très-légitime et très-fondée que l'écluse, par sa position, occasionnait des inondations très fréquentes et des pertes considérables aux propriétaires riverains, obtinrent d'en faire ordonner la démolition, à la sollicitation de la commune d'Aubagne.

La même année, le 21 janvier 1549, intervint entre la communauté d'Aubagne et le quartier de Camp-Major, représenté par Messire Jean Guigonnis moine du monastère de Saint-Victor de Marseille, noble Pierre Beausset, Pierre Cavalier, Thomas Lauze, Ricard et Jeannet Giraud, tous propriétaires à Camp-major, se portant fort pour les autres, une transaction ainsi conçue ;

« Transigent, appointent et accordent, que les particuliers de Camp-
« major, défendeurs, dorénavant prendront et seront tenus de prendre l'eau
« au-dessous du moulin de grignons, sive de la rusque, qui est d'Antoine

« Demoustiers et des enfants et héritiers de feu Barthélemy Souchon ; laquelle
« feront passer et dériver par le pré de Henry et Philippe Milonis frères,
« en leur payant l'intérêt qui sera ordonné , et aussi l'eau du pasquier,
« ressortissant du pré du révérendissime seigneur de ladite ville , et de la
« font des Lignières , lesquelles eaux et escapadures seront jointes dans le
« vallat qui viendra dudit moulin et pré dudit Milonis.

« Item ont transigé , appointé et accordé que ladite communauté, manans
« et habitants dudit Aubagne et aussi lesdits particuliers de Camp-major,
« défendeurs, par égales portions, payeront tous autres frais et coût, tant
« dudit pré dudit Milonis , et autres passages qui s'achèteront pour passer
« et dériver ladite eau que facture du vallat depuis la propriété dudit moulin
« de rusque jusqu'à la tête du vallat de Camp-major, desdits particuliers par
« lequel soulaient prendre l'eau de ladite rivière d'Huveaune. »

Moyennant quoi les particuliers de Camp-major s'obligent à démolir leur
écluse.

Cette transaction fut exécutée.

Camp-major avait, en prenant l'eau au-dessous du moulin à rusque , toute
l'eau. — Il trouva qu'il en avait trop; et, le 9 mars 1549, deuxième convention
par acte notaire Mottet, à Aubagne. — Il y est dit : que ledit vallat sera plus
utile aux gens de Camp-major, en le faisant dériver au-dessus du moulin à
rusque et dans la terre où Jean Guin de Marseille prend son eau, et Jean Guin
et Antoine Demoustier, propriétaire du moulin à rusque :

« Donnent et octroient licence, usage et faculté auxdits communauté d'Au-
« bagne et particuliers de Camp-major, moi dit notaire royal comme personne
« publique présent, stipulant et acceptant, à savoir est: de prendre et dériver
« ladite eau et faire ledit vallat au-dessus dudit moulin et au lieu *sive* vallat
« où la prend Jean Guin pour arroser sa ferrage, sauf et réservé auxdits Jean
« Guin, Antoine Demoustiers et à tous autres particuliers, qui ont accoutumé
« prendre et user de ladite eau de leur possession antique et récente qu'ils ont
« de prendre et user, de prendre l'eau à suffisance pour faire tourner le moulin
« dudit Demoustiers comme auparavant, et aux autres tant qu'il leur en sera
« nécessaire. »

Tel est le titre primordial des arrosages de Camp-major, ou plutôt le seul titre avec lequel ce quartier se présente pour dépouiller celui du Gast.

Nous verrons plus tard, dans la discussion, quelle est la valeur de ce titre; mais, pour le moment, nous nous bornerons à remarquer deux points, qu'il ne faut pas perdre de vue dans la suite :

1° Qu'en 1549, la communauté d'Aubagne n'avait point encore acquis du seigneur le moulin banal et le canal qui le faisait mouvoir, puisque cette acquisition n'eut lieu qu'en 1582, ainsi qu'on l'a vu ;

2° Qu'en 1549, la commune ne pouvait connaître la quantité d'eau qui découlerait dans la suite du canal des moulins, puisque le seigneur pouvait alors en disposer en faveur de tout autre.

Ainsi donc, le quartier de Camp-major n'arrosa plus qu'avec les eaux qu'il pouvait recueillir dans le canal de fuite des moulins, déduction faite de la portion de ces eaux servant à l'usage du moulin à rusque.

Quelque temps après cette transaction, le même Pierre de Beausset, que nous avons vu y figurer, acquit les prairies de Jacques Milonis et de Jean de Porta, le moulin à rusque de Demoustiers, et finalement le paroir à drap que le sieur Hugues de Paris, l'aîné, tenait en emphithéose perpétuelle de l'évêque de Marseille. — Toutefois, la famille de Beausset ne garda pas longtemps le paroir à drap.

Par son testament du 26 janvier 1597, notaire Alphant à Marseille, Pierre de Beausset disposa « que son fils cadet, légataire du moulin à rusque, laissât « aller la moitié de l'eau aux jours qu'on avait coutume d'arroser les prés de « son fils aîné et héritier, aujourd'hui représenté par M. Philippe Richard. »

M. de Beausset disposait ainsi, et comme de chose lui appartenant, de l'eau du canal de fuite des moulins, et il la partageait entre ses deux fils.

C'est après cette époque, que se manifestent les premières tentatives des propriétaires arrosants du quartier de Camp-major d'entreprendre sur les droits du quartier du Gast, et pareillement leurs premiers insuccès.

Nous en avons la preuve dans une délibération de la communauté d'Aubagne du 30 décembre 1640.

Le conseil proclame le droit qu'il a acquis par la vente faite par les évêques de Marseille, de régler et distribuer les eaux dérivant de l'Huveaune qui traverse le territoire,

« Pour l'arrosage des pièces qui bordent le béal qui porte l'eau pour faire
« travailler le moulin à blé de la communauté, duquel les propriétaires se ser-
« vent pour l'arrosage de leurs pièces.

« Toutefois, M. Antoine de Beausset, lieutenant au siége de Marseille, qui,
« sans titre valable, se sert de l'eau du béal qui découle dudit moulin pour
« deux moulins à papier que ledit lieutenant a fait depuis peu construire,
« a donné requête au sieur lieutenant-général et fait faire signification par
« voix de trompe à cri public par tout ce lieu aux particuliers, aux manans
« et habitants dudit Aubagne et possédant biens au quartier de Baudinard, de
« prendre ni détourner les eaux dudit béal, que depuis le samedi midi jusqu'au
« lundi à même heure, sous la peine de cinquante livres et en cas de contraven-
« tion qu'il en sera informé. »

« Comme M. Marc-Antoine d'Albert, aussi conseiller du roi en ladite Cour,
« sous prétexte d'un jardin et pré qu'il possède audit terroir proche dudit
« moulin à blé et qu'il ne peut arroser, a donné une semblable requête et a
« obtenu même décret, en vertu duquel a aussi fait faire les criées à son de
« trompe, qui est à   entièrement la faculté de la communauté
« qu'elle a pour la distribution desdites eaux. »

M. d'Albert, comme M. de Beausset, manifestait, en 1640, des prétentions
identiques à celles que leurs successeurs et ayant-droit, Richard, de Roux et
hoirs Borelli essaient de faire revivre.

On faisait en même temps connaître dans cette délibération au conseil, qu'on
avait pris l'avis de deux avocats, dont l'opinion fut que MM. de Beausset et
d'Albert n'avaient pas le droit qu'ils réclamaient, et le conseil autorisa les con-
suls d'Aubagne à émettre appel des décrets obtenus par MM. d'Albert et de
Beausset, même de faire évoquer le procès à tel autre parlement qu'il plaira à
Sa Majesté de nommer, attendu les parentés et alliances que les adversaires
avaient dans le parlement de Provence.

Quel fut le résultat de ce procès?

Nous n'avons pas l'arrêt qui le termina.

Il est probable que si une décision est intervenue, elle condamna les prétentions de MM. d'Albert et de Beausset, car rien ne pouvait les légitimer.

Peut-être aussi s'en désistèrent-ils.

Toujours est-il, qu'ils n'ont jamais usé de ces prétendus droits que leur
avaient concédé des décrets non contradictoires, qu'ils avaient obtenus par
faveur.

S'il en avait été autrement, le procès actuel ne se ferait pas.

Les ayant-droit de MM. de Beausset et d'Albert auraient un titre accom-
pagné d'une longue possession; ils n'ont ni l'un ni l'autre. Ils ont donc succombé,
en 1640.

Nous voyons de plus par une note aux archives de la commune d'Aubagne,
que le même M. de Beausset, à raison de ce que son usine se trouvait placée sur
un simple canal de fuite, avait été débouté des réclamations qu'il avait faites
à raison des puits des moulins (27 août 1656), et lorsque dernièrement M. Bethfort a vendu le paroir à drap qu'il avait réuni dans ses mains aux moulins
d'Aubagne, il a eu le soin d'indiquer à l'acquéreur qu'il n'avait rien à voir au
canal supérieur; « qu'il n'avait droit qu'à l'eau qui s'échappe du moulin, et
« qu'en conséquence l'acquéreur demeurerait étranger aux frais d'entretien de
« l'écluse de prise sur l'Huveaune, ainsi qu'aux frais d'entretien et de curage
« du béal, qui de la prise conduit l'eau au moulin. » (Acte du 1er février 1825,
notaire Sause.)

Tel fut le sort de la première tentative des propriétaires inférieurs au moulin
vieux contre les arrosants supérieurs.

Camp-major continua seulement à jouir des eaux éventuelles venues du
quartier supérieur, des écoulements.

Ce n'est pas nous qui le disons, c'est M. de Beausset qui le proclame dans
une délibération des propriétaires de Camp-major du 24 janvier 1745, réunis
pour amplier les pouvoirs d'experts, nommés pour reconnaître la contenance
de terre que chaque particulier a droit d'arroser. On y lit :

« M. de Beausset présent à l'assemblée a dit, qu'attendu que le quartier de
« Camp-major *n'a que des versements et escapadures accidentelles et ca-*
« *suelles sur lesquelles on ne peut établir aucune règle*, il se refuse à l'am-

« pliation des pouvoirs, en ce qu'elle pourrait nuire à son droit de premier à
« l'arrosage. »

Ainsi, M. de Beausset reconnaissait, il y a cent ans, que Camp-major n'avait
que *des versures accidentelles et casuelles;* il connaissait les titres pourtant.
M. Ph. Richard, son successeur, les connaît aussi, seulement il les interprète
autrement.

Par acte du 21 décembre 1770, notaire Martinot à Aubagne, messire Joa-
chin de Beausset, seigneur de Roquefort, et Mgr Emmanuel-François de
Beausset de Roquefort, son frère, évêque de Fréjus, avec le concours de dame
Marie-Thérèse Guitton, sa mère, vendirent à dame Gabrielle de Bremond, veuve
de noble Louis Demande, et à Dominique Demande, son fils, procureur du Roi
au siège de la sénéchaussée de Marseille, la terre et bâtiment de Camp-major
dite domaine de Notre-Dame, consistant, savoir : en une maison de campagne,
tènement, jardins, prés, terres arrosables, vignes, cloaque, avec tous ses droits
d'arrosage et faculté d'eaux qui consiste, en premier lieu, à la faculté commune à
tout le quartier de Camp-major, en deuxième lieu, à la faculté portée par le
testament de Pierre de Beausset du 26 janvier 1577, servant pour l'arrosage
du tènement, ensemble la double clef du cadenas de la martelière du moulin à
rusque pour prendre la moitié de l'eau de ce moulin, léguée par le testament
précité.

A cette époque de 1770, les arrosages avaient été considérablement augmen-
tés par MM. de Beausset.

M Demande, suivant l'exemple de ses prédécesseurs, voulut étendre encore
ses arrosages.

Il engagea les syndics de Camp-major à réclamer en justice de la communauté d'Aubagne l'exécution de la transaction de 1549, telle qu'essayent de
l'interpréter aujourd'hui les adversaires du syndicat du Gast.

La communauté d'Aubagne fut même ajournée, le 3 septembre 1780; le
conseil délibère de faire consulter à ce sujet.

Dans l'assemblée du 22 avril 1781, le sieur Lieutaud portant la parole, présenta au conseil une consultation du 13 avril 1781, délibérée par M. Siméon
fils, Siméon père, et Portalis.

Cette consultation portait en substance: «que le Camp-major était mal fondé

« dans toutes ses prétentions ; que la transaction de 1549 n'imposait aucune
« obligation à la communauté de faire jouir le quartier d'une eau quelconque ;
« qu'elle n'a fait que se prêter aux moyens qui devaient procurer au quartier
« de Camp-major celle dont il jouit, et compenser, par la contribution à la cons-
« truction du canal qui devait la porter dans son terroir, la destruction de
« l'écluse qui était dans la rivière ;

« Que la communauté devait dénoncer la prétention du quartier de Camp-
« major aux divers quartiers supérieurs auxquels elle tend à enlever la posses-
« sion des arrosages, pour qu'ils aient à intervenir au procès, etc. »

En conséquence, la communauté se tint prête pour la défense.

M. Demande voyant alors le peu de chance qu'offrait le procès que repro-
duisent aujourd'hui ses ayant-droit, changea de suite son plan d'attaque.

Il fit présenter Dominique Lieutaud, syndic, propriétaire du quartier de Camp-
major, à l'assemblée du 24 juin 1781, qui se tenait au sujet du procès contre la
communauté.

Et Lieutaud déclara : « que l'intention du quartier de Camp-major n'était pas
« d'avoir un procès contre la communauté pour empêcher les particuliers du
« quartier supérieur aux moulins de jouir de leurs arrosages, comme ils en ont
« toujours usé ; mais seulement de parvenir au rétablissement de leur ancienne
« écluse sur la rivière, si faire se pouvait sans nuire à la ville. »

Le conseil de la communauté venant aux opinions, « délibéra à l'unanimité,
« sans reconnaître directement ou indirectement que le quartier de Camp-
« major eût ou pût avoir un droit quelconque contre la communauté pour l'ar-
« rosage des terres ou sur les eaux du canal des moulins, de consentir au
« rétablissement d'une écluse lévisse sur la rivière, si faire se pouvait sans
« nuire ni préjudicier à la ville, qu'à cet effet le quartier fît procéder à un rap-
« port par un ingénieur hydraulique, pour savoir si ce rétablissement ne nui-
« rait point à la ville. »

Le quartier de Camp-Major présenta un plan, mais ne put le faire agréer. On
voit dans le registre des délibérations de la commune que, le 19 juin 1789, le
conseil délibéra à l'unanimité de ne point permettre ni consentir à l'établissement de l'écluse que le quartier de Camp-Major demandait de placer à la Plan-
que, et de se référer aux délibérations exprimées dans la proposition.

Les choses en restèrent à ce point; et pour la deuxième fois succombèrent les prétentions injustes du quartier de Camp-Major, portant atteinte aux droits des quartiers supérieurs.

M. Demande voyant qu'il n'était pas plus heureux dans la seconde entreprise qu'il ne l'avait été dans la première, vendit, en l'an IV, à Jean Cretau son domaine de Notre-Dame, connu maintenant sous le nom de la Demande.

Cette vente fut faite aux mêmes clauses et conditions portées dans son acte d'achat du 21 décembre 1770.

Ce nouveau propriétaire jouit paisiblement de son domaine, et il eut le bon sens de ne s'immiscer jamais dans les arrosages des possédans bien supérieurs.

En 1809, il le vendit à M. Philippe Richard; ce dernier, à l'exemple de M. Demande, a continuellement cherché l'occasion de se créer des titres.

Informé que les Moulins d'Aubagne allaient être exposés aux enchères en vertu de la loi du 20 mars 1813, il fit cause commune avec M. le marquis de Beausset et M. de Montgrand, propriétaires inférieurs.

Ils présentèrent au Préfet des Bouches-du-Rhône une pétition pour faire fixer les droits des arrosants de la commune d'Aubagne.

Deux articles, nos 8 et 9, furent insérés dans les clauses spéciales du cahier des charges de la vente des moulins.

7. « L'adjudicataire des moulins ne pourra, sous les mêmes peines, vendre
« ni détourner l'eau, de quelque manière que ce soit, ni l'employer à tout autre
« usage qu'à celui des moulins, les jours où il en a la jouissance. Il devra la
« laisser couler dans le canal ordinaire de fuite, quand même il ne s'en servi-
« rait point à l'usage des moulins. »

8. « Les possédants biens et les quartiers inférieurs aux moulins continue-
« ront à jouir de l'eau provenant de la fuite desdits moulins, comme ils en ont
« toujours joui, et *conformément à leurs titres*, et à la charge par eux de la
« rendre à son cours ordinaire, et défenses leurs sont faites d'en mesuser et de
« la détourner sous les mêmes peines. »

Si nous demandions à nos adversaires de quels titres entend parler l'article 8, ils seraient bien embarrassés pour les citer.

Cependant en faveur des propriétaires supérieurs fut introduit l'article 9, que nous avons cité dans l'examen des titres concernant le quartier du Gast, et qui réserve si expressément les titres et les droits de ce quartier.

La paix régna jusqu'en 1822; mais alors M. Richard, propriétaire de la Demande, et M. de Beausset, propriétaire du moulin à rusque, renouvelèrent les mêmes prétentions, qui avaient été si malheureuses en 1640 et 1789.

Ils avaient toujours le besoin impérieux de se procurer des titres obcurs, et voici le moyen ingénieux qu'ils imaginèrent pour s'en procurer.

Ils s'immiscèrent dans les modes d'arrosages employés dans les quartiers supérieurs; ils firent dresser des procès-verbaux contre divers propriétaires, choisissant les plus pauvres, les moins en évidence, ne demandant jamais plus de trois francs de dommages-intérêts.

De cette manière il paraît qu'ils obtinrent, en 1822, 1823 et 1824, quelques jugements, mais ils se gardèrent bien de réclamer les trois francs de dommages-intérêts, ni les frais; ils payaient les depens, sans jamais rien exiger des propriétaires condamnés, et gardaient leurs jugements en poche.

Contre le syndicat du Gast, jamais un mot, une demande.

Cette petite tactique que l'on croyait habile, aurait pù produire quelques avantages, qui n'eussent jamais été que de courte durée.

Mais, par malheur, le garde-champêtre, instrument docile de MM. Richard et de Beausset, péchant sans doute par excès de zèle, dressa un procès-verbal contre le nommé Joseph Poucel; celui-ci voulut se défendre, et confia le soin de cette cause à M. Thomas, avocat à Marseille.

Le choix du défenseur indiquait à lui seul que la défense serait sérieuse. Après des plaidoiries complètes, le juge-de-paix d'Aubagne rendit, le 21 août 1824, conformément aux conclusions prises par Poucel, un jugement qui décidait : « Que fesant droit au déclinatoire proposé par ce dernier, sans s'arrêter « aux conclusions et défenses des demandeurs, il y avait lieu de surseoir « au jugement de la demande en dommages-intérêts jusqu'à ce qu'il eût été « statué sur le droit de propriété ou d'usage. »

En un mot, le juge-de-paix reconnaissant qu'il ne s'agissait point d'une question possessoire, mais d'une question de propriété, se déclarait incompétent pour juger cette question.

Il y a une grande analogie entre les principes qui servent de base à ce juge-

ment, et ceux qui ont motivé le jugement rendu par le Tribunal dans la présente affaire, le 8 juin 1852.

Quelque préjudiciable que fût leur acceptation de ce jugement de 1824,
MM. de Beausset et Richard n'en émirent point appel.

A plus forte raison se gardèrent-ils de faire juger cette question de propriété,
qui motivait le sursis de M. le juge-de-paix.

Ils savaient que le syndicat allait descendre dans l'arène, et ils ne jugèrent
pas prudent de se commettre avec lui.

Evidemment, il fallait recourir à de nouveaux expédients et prendre patience.

Nous avions raison de dire tout à l'heure, que les propriétaires inférieurs
ont succombé une troisième fois, après 1640 et 1789, dans leurs prétentions,
et qu'en 1824 ils n'ont pas été plus heureux qu'en 1789 et qu'en 1640.

Pendant quatorze années, les propriétaires inférieurs ont gardé un silence
prudent.

Mais ce silence leur pesait : chaque jour, M. de Roux, M. Philippe Richard,
M. Jules Bonnet, juge-de-paix, étendaient leurs arrosages.

Or, en 1838, ces Messieurs pensèrent qu'une belle occasion se présentait, et
MM. Philippe Richard, Maximin Clément Maurel, avocat, M. le marquis de
Beausset et M. Thomas de Roux, tous comme propriétaires dans le quartier de
Camp-major, ce dernier en outre comme propriétaire du domaine de l'Evêché,
arrosable par la prise de la Palette dont nous avons parlé, introduisirent une
demande contre la dame Caron veuve Bethfort, épouse Eymard, propriétaire
des moulins, et le sieur Lescot, son fermier.

Au propriétaire des moulins ils demandaient :

1° La réparation de l'écluse située au Pont de l'Etoile ;

2° Le curage du béal des moulins ;

3° Le maintien de leur droit de surveillance et de suite sur l'écluse, le canal,
et sur le cours des eaux des moulins, et ce sur toute la ligne ou bief, qui les
conduit de l'écluse aux moulins, et des moulins à leurs propriétés, à l'effet par
eux de tenir la main à ce que les eaux ne soient pas détournées à leur préjudice, et que l'écluse et le Canal des moulins demeurent toujours en bon état de
réparation de toute espèce.

Au sieur Lescot, fermier des moulins, ils fesaient une difficulté particulière, fondée sur ce qu'il détournait les eaux du béal des moulins pour arroser la propriété du Jas de Gautier.

Cette demande était à peu près le procès actuel, avec cette différence capitale, qu'elle n'était pas dirigée contre les véritables intéressés, les syndics du Gast.

Le procès était dirigé contre des personnes qui n'avaient pas les mêmes moyens de défense ; qui ne connaissaient pas les titres que le Gast pouvait opposer ; qui étaient liées par le cahier des charges de 1813 ; et qui n'ayant pas un grand intérêt à combattre la demande dirigée contre eux, ne la contestèrent que faiblement, s'ils la contestèrent.

Aussi, le 13 août 1838, intervint un jugement du Tribunal de Marseille, dont voici quelques motifs :

« Sur le premier chef relatif à l'entretien du Canal et à la réparation de « l'écluse. »

« Attendu que la dame Eymard ayant fait procéder aux travaux réclamés « par les demandeurs, ceux-ci ont déclaré abandonner ce chef de leur de- « mande, de sorte qu'il n'y a plus lieu, en l'état, de statuer à cet égard.»

« Sur le second chef relatif au droit de surveillance et de fuite réclamé par « les demandeurs sur les eaux du Canal des moulins :

« Attendu *qu'il n'est pas contesté* que les demandeurs ont droit aux eaux « de fuite du Canal des moulins.

« Attendu *qu'il n'est pas contesté*, qu'ayant la jouissance de ces eaux, il résulte « de ce droit, qu'ils ont celui de veiller à ce qu'elles ne leur soient pas enlevées « d'une manière quelconque, pendant le temps qu'elles sont attribuées aux « moulins, et par suite aux propriétaires arrosants inférieurs.

« Que ces eaux peuvent être diverties, du moins en partie, à leur préjudice, « par le défaut d'entretien du Canal, en le laissant altérer et en ne lui conser- « vant pas les dimensions qu'ils doit avoir.

« Que les demandeurs ont dès lors un intérêt évident et un droit qui en est « la conséquence, à surveiller l'état de ce Canal et de l'écluse, car qui veut la « fin, veut les moyens.

« Attendu, au surplus, que ce droit n'aggrave en rien la position du pro- « priétaire des moulins, puisqu'il se confond avec le droit de surveillance qui « *n'est contesté* à aucune des parties intéressées. »

Avec ces motifs et en prenant pour base l'arrêté du préfet du 3 septembre 1813, dont on a vu les dispositions, le Tribunal maintient les demandeurs dans leur droit de surveillance et de suite sur le canal, à l'effet d'empêcher que soit par voie d'usurpation, soit par défaut d'entretien du canal et de réparation de l'écluse, les eaux ne soient absorbées où diverties à leur préjudice, les jours où elles doivent couler à leur profit dans le canal de fuite.

Ce jugement a maintenant l'autorité de chose jugée.

Nous discuterons plus tard la valeur légale de ce jugement ; quant à nous, pour le moment, nous nous contenterons de remarquer en passant, que, parmi les titres soumis au Tribunal par les demandeurs, ne figure point la transaction de 1549, leur seul et véritable titre.

Le Tribunal, dans cette demande *non contestée*, n'a jugé que sur la production du cahier des charges de la vente des moulins du 3 septembre 1813.

L'année suivante, le quartier de Camp-Major obtint l'ordonnance royale de 1839, qui l'autorise à faire l'écluse dont nous avons parlé dans la description des lieux ; qui complète ses arrosages et lui assure un volume d'eau supérieur à celui que possèdent les quartiers de Beaudinard et du Gast, bien qu'ils aient une étendue bien plus considérable de terrains à l'arrosage.

De 1839 à 1851, le quartier de Camp-Major est resté tranquille.

Dans cet intervalle, M. de Roux ne cesse d'étendre ses irrigations ; usager de la prise de la Palette, destinée seulement au domaine de l'Evêché, il conduit les eaux dans le domaine de la Peyronne, qui n'a jamais fait partie de l'Evêché.

De son côté, M. Jules Bonnet, propriétaire de l'Aumône, ne cesse d'étendre aussi ses irrigations, qui s'opèrent en partie par la combinaison des eaux de fuite du canal des moulins, et par les eaux provenant de l'écluse établie dans l'Huveaune en 1839, par le quartier de Camp-major. Son domaine, dont aucune partie n'était à l'arrosage en 1727, 1760 et 1791, a aujourd'hui plus de huit hectares arrosées, grâce à l'acte de concession d'eau que Camp-major lui a faite, le 10 janvier 1841. On conçoit alors pourquoi ce quartier de Camp-major, cependant si abondamment pourvu d'eau, si favorisé dans ses arrosages, imagine, invente, cherche et crée des prétextes pour attaquer les arrosants supérieurs, et comment il se ligue avec les propriétaires des moulins pour attenter aux droits certains du syndicat du Gast.

Durant les vifs et si longs débats qui s'agitent entre les propriétaires inférieurs et supérieurs du quartier du Gast, Camp-major garde un silence
absolu.

S'il a le droit de surveillance sur le béal des moulins, il aurait pourtant
bien dû s'enquérir d'un procès, qui avait pour but de régler le partage de
ces eaux.

Peut-être le caractère pacifique du syndicat de cette époque répugnait-il à
de nouvelles hostilités.

Peut-être aussi la prudence reculait-elle devant un débat, où le quartier de
Camp-major avait succombé trois fois.

Mais depuis quelque temps, M. Jules Bonnet et M. Thomas de Roux sont
devenus syndics de Camp-major, et dès lors, à la suite d'une entente cordiale
entre Camp-major et le propriétaire des moulins, la trève est rompue, la
guerre recommence avec énergie.

M de Roux, M. Richard, M Borelli s'entendent pour revendiquer une
quatrième fois le droit aux eaux du canal des moulins, le droit de surveillance sur ces eaux, droit que quelques propriétaires inférieurs ont pu faire
reconnaître contre le propriétaire des moulins (propriétaire complaisant ou
ignorant), mais que méconnaissent les arrosans du Gast; en 1851, on res-
sucite la vieille querelle de 1640, de 1789, de 1824; il parait que ce procès
est un mal périodique, dont le retour est séculaire.

Au mois de juillet 1851, MM. de Roux, Richard et J. Borelli se servant,
comme en 1824, du ministère du garde champêtre, firent dresser onze procès-
verbaux contre divers propriétaires, membres de l'Association du Gast.

Ces propriétaires, d'après ces Messieurs, auraient abusé des eaux du béal
des moulins.

Une action possessoire fut introduite au requis de ces trois propriétaires
de Camp-major devant le juge de paix d'Aubagne, à l'effet d'être maintenus
en la possession et jouissance des eaux du Canal des Moulins, du lundi midi
au samedi midi de chaque semaine, sauf les fêtes chômées, et de faire
condamner les défendeurs à deux mille cinq cent francs de dommages-
intérêts.

L'instance n'était liée que contre divers propriétaires isolés; les demandeurs espéraient en avoir bon marché, comme en 1824 ; mais le syndicat du Gast intervint, et, à leur grand regret, les adversaires ne purent pas contester cette intervention.

Enfin, le débat allait s'engager sérieusement, et pour la première fois contradictoirement, entre Camp-major et le Gast.

Les titres allaient être produits, on allait enfin combattre nettement au grand jour.

Le syndicat du Gast éprouva une première défaite devant le juge de paix d'Aubagne.

Ce magistrat rendit, le 8 janvier 1852, un jugement qui maintenait les demandeurs en possession et jouissance du Canal des moulins d'Aubagne, du lundi à midi au samedi à midi de chaque semaine, et condamnait le syndicat des quartiers supérieurs à deux cents francs de dommages-intérêts en réparation du trouble et du préjudice causés.

Le succès de MM. Thomas de Roux et consorts ne fut pas de longue durée.

Le syndicat du Gast émit appel de ce jugement, dans lequel le Juge de Paix avait si évidemment cumulé le pétitoire et le possessoire. Malgré les efforts des adversaires pour faire maintenir ce jugement, le Tribunal décida qu'il s'agissait en réalité de l'exercice d'un droit purement foncier, puisque la solution de la question résidait tout entière dans l'application des titres.

« Et réformant le jugement, et faisant ce que le premier juge aurait dû faire,
« sans préjudice d'aucuns des droits des parties au fond qui leur sont réservés,
« renvoie les parties à se pourvoir au pétitoire et compense les dépens. »

Les adversaires paraissent aujourd'hui enchantés de ce jugement; contre mauvaise fortune bon cœur. — Mais pourquoi donc alors ont-ils demandé avec tant d'insistance le maintien du jugement de première instance, et combattu l'appel? Les motifs de ce jugement et les faits qu'il constate, ont une trop haute importance pour que nous négligions de les transcrire ici.

« Attendu, y est-il dit, que les propriétaires du quartier du Gast ont, ainsi
« que ceux de Camp-major, l'usage des eaux du canal du moulin pour l'irri-
« gation de leurs propriétés; que cet usage est réglé par des actes qui fixent
« les jours, la durée et le mode d'irrigation.

« Que le fait de trouble dont se sont plaints les sieurs de Roux, Richard et
« Borelli, arrosants de Camp-major, contre les syndics du Gast (fait qui a donné
« lieu au jugement dont est appel), ne consiste pas pour ces derniers à avoir
« détourné les eaux du béal, pendant les jours consacrés à l'arrosage de Camp-
« major, c'est-à-dire du lundi à midi au samedi ; que ce fait de trouble ne
« consiste même pas à avoir pris, pendant ces jours du lundi à samedi, plus
« d'eau que les titres ne leur en accordent, mais seulement d'avoir fait usage
« de l'eau par des martelières au lieu de se servir des six trous de la grosseur
« d'un œuf que leur accordent les titres, et d'avoir employé cette eau à l'irri-
« gation des prairies, au lieu de la limiter à l'irrigation des légumes et jardi-
« nages.

« Attendu que le Tribunal, par rapport à l'appréciation de l'action intentée
« par les demandeurs, qui sur le litige ainsi précisé n'offrent pas d'ailleurs
« une preuve contraire à celle demandée par les syndics, doit admettre les faits
« suivants : d'un côté, que les arrosants du Gast, à tort ou à raison, ont arrosé
« du lundi au samedi non-seulement leurs légumes et jardinages, mais leurs
« prairies ; qu'ils l'ont fait par un mode d'arrosage qui peut ne pas être con-
« forme à celui prescrit par leur titre, sans néanmoins qu'ils aient pris plus
« d'eau qu'il ne leur en était concédé ; que cette possession, ils l'ont eue en mil
« huit cent cinquante-un, comme les années précédentes ; qu'ils pourraient
« donc invoquer la possession d'an et jour desdites eaux du canal.

« D'un autre côté, que les sieurs de Roux, Richard et Borelli ont évidem-
« ment la jouissance et la possession des eaux de fuite du moulin, pendant les
« jours indiqués, pour arroser leurs prairies et pour mouvoir leurs usines.

« Qu'il suit de là que les deux possessions simultanées devant être tenues
« pour constantes, il y a lieu de renvoyer les parties au pétitoire.

« Que c'est, en effet, non par le simple examen, mais par l'application des
« titres, que le trouble dont se plaignent les arrosants de Camp-major, ou soit
« les sieurs de Roux, Borelli et Richard, peut être apprécié.

« Qu'ils ne se plaignent pas, en effet, d'une manière générale, que les arro-
« sans du Gast aient détourné les eaux du béal ; que les procès-verbaux dressés
« n'établissent pas que l'eau employée à l'arrosage par les arrosants de Gast,
« pendant les jours prohibés, ait excédé celle qu'il leur était permis de prendre ;

« que la plainte ne peut porter que sur le mode d'arrosage et l'affectation de
« l'eau à un emploi autre, que celui déterminé par les actes.

« Qu'il s'agit donc, en réalité, de l'exercice d'un droit purement foncier, puis-
« qu'en l'état des faits possessoires ci-dessus signalés, il est évident que la
« solution de la question réside tout entière dans l'application même des titres
« des parties.

« Par ces motifs, etc. . . . . . . »

Il ne reste donc rien de ce jugement de M. le juge-de-paix d'Aubagne; et
toute influence morale qu'on voudrait d'ailleurs essayer de tirer de sa décision,
comme de plusieurs autres qu'il a rendues au profit des inférieurs contre les supérieurs, tombe devant les récusations admises par le Tribunal de céans contre
M. le juge-de-paix à raison de son intérêt personnel, lié manifestement à la
cause des inférieurs.

Battus au possessoire, sentant bien que le débat engagé avec le syndicat
il fallait le vider, et qu'il était trop tard pour reculer, MM. de Roux et Richard
ont, le 24 juillet 1852, ajourné les syndics du quartier du Gast pour entendre dire qu'eux, demandeurs, ont seuls droits aux eaux d'arrosage du Canal
des Moulins, du lundi à midi au samedi midi, qu'en conséquence ils ont
le droit de veiller à ce qu'aucune usurpation ne se commette à leur préjudice;
qu'inhibitions et défenses seront faites aux arrosants desdits quartiers d'arroser, pendant lesdits jours; et pour l'avoir fait, s'entendre condamner à 2,500
francs de dommages-intérêts.

Me Pélissier, qui s'est constitué pour les syndics sur cette demande, a
conclu au déboutement et a demandé reconventionnellement, qu'attendu
qu'en s'introduisant dans les propriétés du Gast, les demandeurs ont commis
un attentat au droit de propriété, ils fussent condamnés à six mille francs de
dommages-intérêts.

Après plaidoiries, à l'audience du cinq novembre 1852, le tribunal, malgré
les efforts de MM. de Roux et Richard, a rendu un jugement ordonnant l'instruction par écrit.

Plus tard sont intervenus les hoirs de J. Borelli.

Le 6 mai 1853, les demandeurs ont fait signifier une requête à l'appui de
leur demande; nous répondons à cette requête.

Tels sont les faits dont la connaissance était indispensable à l'intelligence de l'affaire. — Passons maintenant aux moyens.

DISCUSSION.

Posons nettement les questions, qui résultent de la demande de nos adversaires et de nos conclusions.

Les demandeurs disent : les eaux du Canal des Moulins nous appartiennent, pendant cinq jours de la semaine, depuis le lundi midi jusqu'au samedi à pareille heure ; ces eaux nous appartenant, pendant ce laps de temps, nous avons le droit d'en surveiller le cours, de veiller à ce que personne ne les détourne à notre préjudice, pas plus le propriétaire des moulins (contre lequel nous avons un jugement ayant acquis l'autorité de la chose jugée), que vous, propriétaires du quartier du Gast ; vous ne pouvez user des eaux, lorsque l'usage nous en est dévolu. D'où la conséquence, que si vous en avez mésusé, pendant le mois de juillet 1851, nous avons eu le droit de le faire constater, et vous nous devez des dommages-intérêts.

Le syndicat du Gast répond : vous n'avez aucun droit sur les eaux du Canal des Moulins, absolument aucun droit.

Vous en recueillez les écoulements, tels quels, les *escapadures* qui sont réunies dans le canal de fuite des moulins.

Vos droits à vous, Camp-major, s'arrêtent à la martellière du moulin à rusque ; au-dessus, vous n'avez ni droit aux eaux, ni droit de surveillance.

Votre demande doit être rejetée, et comme en vous introduisant dans nos héritages pour faire dresser des procès-verbaux au mois de juillet 1851, vous avez violé notre droit de propriété, nous vous demandons des dommages-intérêts.

Telles sont les prétentions respectives des parties.

Il est dès-lors facile de poser la question à résoudre.

Nous disons la question, car il n'y a, selon nous, qu'une seule question.

Les demandeurs ont-ils , relativement aux propriétaires composant l'association du Gast, le droit de surveiller l'usage, que ces derniers font des eaux
du Canal des Moulins ?

En d'autres termes : Camp-major a-t-il un droit certain , déterminé, sur
les eaux du Canal des Moulins, au-dessus des moulins ?

Cette question principale et unique résolue, arrive comme corollaire
l'examen des demandes en dommages-intérêts.

Examinons donc cette question principale et une, de laquelle dépend la
solution du procès.

MM. Philippe Richard, Thomas de Roux et les hoirs Jérôme Borelli ont-
ils , relativement aux propriétaires composant l'association du Gast, le droit
de surveiller l'usage que ces derniers font des eaux du Canal des moulins ?

Les adversaires décomposent leurs droits de la manière suivante :

M. de Roux possède , 1° une propriété dite le Parc, faisant partie de l'ancien
domaine de l'Évêque ; 2° une propriété dite la Peyronne , sise dans le quartier
de Camp-major.

M. Philippe Richard possède , 1° des prairies autrefois dépendant du
domaine de l'Évêché, et 2° une propriété dite la Demande , sise dans le quartier de Camp-major.

Les hoirs Borelli possèdent le moulin, dit Moulin à rusque , assis sur le
canal de fuite , formant continuation du Canal des moulins, et une partie
du terrain environnant , le tout sis dans le quartier de Camp-major.

Les droits des adversaires doivent être examinés au double point de vue
de propriétaires dans le quartier de Camp-major, et de propriétaires de partie
du domaine de l'Évêché.

I.

DROITS DE MM. DE ROUX ET RICHARD,

COMME PROPRIÉTAIRES DU DOMAINE DE L'ÉVÊCHÉ.

Un mot sur ce point; nous serons brefs, car nous avons hâte d'en venir au
nœud du procès, au cœur de la discussion.

MM. de Roux et Richard se prétendent aux droits de l'Evêque, comme acquéreurs d'une assez minime portion de l'ancien domaine de l'Évêché, qui était vis-à-vis Aubagne, au-delà de la route d'Aubagne à Roquevaire.

L'Évêque arrosait avec les eaux du Canal des moulins, et avec la prise dite de la Palette.

Cette prise, qui arrose aujourd'hui la portion du parc de l'Evêché appartenant à M. de Roux, est pratiquée dans le réservoir du Moulin vieux; elle a douze centimètres de hauteur et huit centimètres de largeur, elle est à niveau du bas fond dudit réservoir.

On voit qu'elle peut faire couler dans le domaine de l'Evêché un volume d'eau considérable.

Ici encore, dans le mémoire des adversaires et à propos de la prise de la Palette, intervient le comte d'Avelin.

Laissons de côté ce personnage; et pour nous arrêter à des faits positifs, nous dirons que probablement après la vente des moulins (ainsi que cela d'ailleurs est resté dans la tradition locale), l'Evêque baron, abusant quelque peu de son autorité, selon la coutume du bon vieux temps, s'avisa de pratiquer la prise de la Palette pour arroser son domaine de l'Evêché.

Il est possible que l'Evêque, baron d'Aubagne, ait pratiqué une autre prise au moulin à paroir pour arroser encore d'autres terres.

Les adversaires attribuent cette seconde prise au comte d'Avelin, qui intervient sans cesse, lorsque les demandeurs sont embarrassés pour expliquer l'origine des choses.

Voilà donc ces deux prises établies; puis on nous cite un acte du 29 mai 1728, duquel il résulterait que l'évêque aurait eu un droit de passage dans le moulin à paroir pour aller prendre les eaux du canal.

Cela posé, où donc est la preuve que les eaux fussent destinées au domaine dit de l'Evêché, plutôt qu'à d'autres terrains?

Où donc est la preuve que l'Evêché ait eu droit à ces eaux?

Evidemment aucun acte ne le démontre; et comme les adversaires sont demandeurs et doivent justifier leur demande, nous attendrons les titres qu'ils produiront.

Mais la preuve du contraire existe ; la prise de la Palette est une création arbitraire.

En 1582, lorsque, le 20 janvier, par acte notaire Abel Hugolini à Aix, l'évêque de Marseille, Fréderic de Ragueneau, vendit les moulins à la ville d'Aubagne, il les vendit sans réserves, il ne stipula aucun arrosage à son profit, et l'établissement et l'existence de cette prise n'ont été et ne sont qu'un acte illégal ou de simple tolérance, et on met les adversaires au défi de signaler un seul acte, un seul fait indiquant la prétention de la part du seigneur d'exercer, depuis la vente par lui faite des moulins, un droit de surveillance sur les eaux du canal supérieur.

Le domaine de l'Evéché était arrosé par cette prise de la Palette et par une autre dite du Paroir, située sur le canal de fuite.

Ce domaine était peu considérable, la prise importante : elle recueillait les eaux, préférablement à tous les propriétaires inférieurs; elle suffisait donc à tous les besoins d'irrigation des terres de l'Evéché.

En 1790, ce domaine de l'Evéché devint bien national; il fut vendu par l'Etat, les 10 et 29 janvier 1791, à Louis Sicard; il lui fut indiqué que le domaine était à l'arrosage, et transmis avec tous les droits dont avaient joui ou dû jouir les ci-devant évêques de Marseille; ce bien passa à M. Jean-Dominique Audibert ; il fut vendu par ce dernier à Me Bonsignour, notaire à Marseille; par ses héritiers aux sieurs Ferrand et Combe, et par ceux-ci aux sieurs de Roux et Richard.

Par acte du 12 mai 1836, M. Richard acquit du sieur Combes deux prairies contiguës, situées au quartier du Peyron, distinguées l'une par la dénomination de la Grande, et l'autre par la dénomination de la Sivanne, démembrées de l'Evéché; le tout d'une contenance de 4 hect. 4 ares 19 cent.

M. Richard, dit l'acte, aura un droit de passage dans le domaine du Jas de « Gautier , dont maintenant M. Lescot est en possession, à l'effet de surveiller le « service légal de la prise d'eau, dite la Palotte, et d'en user pour l'arrosement « de la portion supérieure de la grande prairie. »

La grande prairie et la Sivanne diffèrent totalement d'origine; la première a seule fait partie de l'ancien Evéche.

L'arrosage de la Sivanne a été concédé par l'association de Camp-major, par acte du 23 janvier 1578, notaire Mottet, aujourd'hui Potier.

La surface de la Sivanne, réunie au domaine de l'Evéché par M. Bonsignour,

6

suivant acte du 27 novembre 1818, notaire Pioch à Marseille, était d'un hectare 46 ares 33 cent.; il faut retrancher cette surface de la surface totale acquise de Combe, pour avoir la portion que M. Richard possède, provenant du domaine de l'Evéché; de plus, M. Richard a vendu depuis au département, tant pour le nouveau lit de l'Huveaune que pour le chemin de grande communication de Roquevaire à Marseille, 1 hect. 73 ares 51 cent., pris principalement sur l'ancien domaine de l'Evêché.

De sorte que M. Richard ne possède plus aujourd'hui de terrain arrosable de l'ancien domaine de l'Evéché, qu'une superficie de 84 ares.

Il en est de même de M. de Roux, qui a fait l'acquisition de Ferrand d'un hectare 80 ares de l'ancien parc de l'Evêque, et à qui il ne reste plus que 50 ares à l'arrosage, provenant de ce domaine.

En sorte que tout le terrain arrosable du domaine de l'Evéché, restant à MM. de Roux et Richard, ne s'élève qu'à 1 hect. 34.— Ces terrains sont arrosables par la prise de la Palette et par la prise du moulin à paroir.

On pourrait certainement attaquer la possession de MM. de Roux et Richard, qui n'est justifiée par aucun titre, qui est repoussée par l'acte du 20 janvier 1582, et n'est qu'une usurpation de l'évêque sur les droits de la commune devenue propriétaire des moulins; mais que nous importe?

Laissons ces Messieurs jouir, user et abuser d'une eau, que personne de nous n'a intérêt à leur contester. Mais demandons à MM. de Roux et Richard, si c'est bien sérieusement qu'eux, qui arrosent avec la prise de la Palette avant tous les propriétaires des quartiers inférieurs une superficie de 1 hectare 34 ares, sans titre quelconque, avec l'usage de l'eau seulement, le mercredi depuis 6 heures du matin jusqu'à complète irrigation, viennent réclamer un droit de surveillance dans tous les quartiers supérieurs, sur toutes les propriétés du Gast dont on connaît la vaste étendue, et sur les berges du canal, qui ont une étendue d'un hectare 31 ares 63 centiares.

Une pareille demande est inadmissible, et contre elle s'élèvent tous les arguments que nous ferons valoir contre les propriétaires de Camp-major.

Et n'est-ce pas triste à voir que des gens qui arrosent sans titres une faible parcelle de terrain, pour laquelle deux heures d'exercice de la Palette suffisent pour assurer une irrigation exhubérante et qui n'a jamais pu éprouver la moindre pénurie, veuillent, à l'aide d'un usage équivoque, obtenir de la justice un droit de surveillance sur les quartiers supérieurs ?

Cela n'est pas admissible : sans titres on ne crée pas des droits.

Du reste, ce que nous avons dit de l'évêque, nous le dirons aussi de ses successeurs ; jamais M. Bonsignour n'a prétendu, comme propriétaire de l'Evêché, à aucun droit de surveillance sur le canal des moulins, et jamais on n'a vu son garde sur les berges de ce canal. Il est de notoriété publique que la surveillance qu'il exerçait très-rigoureusement, s'arrêtait à la prise de la Palette.

Au surplus, ces prés de l'Evêché, placés au point le plus bas de la vallée, sont constamment humides, presque marécageux, et il a fallu, pour les assainir un peu, y construire une *éponge*, qui fournit précisément *ces eaux sortissant du pré du révérendissime seigneur évêque,* dont il est question dans l'acte du 21 janvier 1559.

Mais en voilà assez sur cette question toute secondaire, et dont la solution favorable au quartier supérieur ne saurait être douteuse. Ce n'est point d'ailleurs pour les terres de l'Evêché que plaident MM. de Roux et Richard, et l'on peut consulter le jugement de M. le juge-de-paix et les souvenirs de l'audience pour être assuré qu'on avait bien peu parlé, jusqu'à ce jour, de ces prétendus droits spéciaux.

II.

DROITS DES ADVERSAIRES,

COMME PROPRIÉTAIRES DE CAMP-MAJOR.

Sur le seuil de la discussion se présente une question préjudicielle, à laquelle nous pourrions bien nous arrêter.

Nos adversaires ont-ils le droit, eux, membres de l'association de Campmajor, d'agir individuellement, pour réclamer l'exercice d'un droit qui appartiendrait à l'association tout entière ?

Considérée sous le point de vue des irrigations, la réunion des propriétaires de Camp-major forme une association, une communauté juridique, légalement organisée par des actes de l'autorité administrative.

Les droits généraux de cette association, les actions destinées à sauvegarder l'intérêt général du quartier, reposent entre les mains de ses représentants légaux, des syndics.

Aux syndics seuls appartient l'exercice des droits généraux du quartier de Camp-major, relativement aux irrigations.

Il est un principe de droit incontestable, c'est qu'il n'appartient qu'au représentant légal et constitutionnel d'une communauté et non à chacun des membres qui la composent, de faire valoir en justice les droits qui lui compètent.

C'est là le principe; l'exception à cette règle ne peut résulter que d'une disposition expresse de la loi.

Aussi le législateur ayant voulu sanctionner cette exception dans la loi du 18 juillet 1837 sur l'administration municipale, s'est-il vu obligé de promulguer l'article 49 qui dispose que « cependant, tout contribuable inscrit au rôle de la « commune a le droit d'exercer, à ses frais et risques, avec l'autorisation du « conseil de préfecture, les actions qu'il croirait appartenir à la commune ou « section, et que la commune ou section, préalablement appelée à en délibérer, « aurait refusé ou négligé d'exercer. La commune ou section sera mise en cause, « et la décision qui interviendra aura effet à son égard. »

Le syndicat de Camp-major est le représentant légal d'une communauté; à ce titre, il est sous la tutelle administrative; lui seul a le droit d'intenter les actions concernant les intérêts généraux de la communauté qu'il représente.

Ce droit n'appartient pas aux membres de la communauté *ut singuli*, et cependant ce sont trois membres seuls de l'association territoriale de Camp-major, qui viennent réclamer en justice un droit appartenant au quartier tout entier !

On ne peut violer plus ouvertement les règles les plus simples et les plus élémentaires du droit.

Ce que veut la loi, est toujours juste, rationnel.

Voyez, en effet, quelles seraient les conséquences de cette manière de procéder. Si l'on admet qu'un seul membre de Camp-major puisse agir pour faire respecter les droits de la communauté, il y aura soixante individus qui, au gré de leur caprice, pourront faire des procès au quartier du Gast. Chacun d'eux fera dresser des procès-verbaux, et il pourrait advenir que ces soixante propriétaires entreprissent à la fois dix procès chacun contre des propriétaires du Gast. — Une telle doctrine serait le chaos, l'absence de toute règle.

C'est précisément ce que la loi prévoyante a voulu éviter, en condensant dans la main des représentants légaux les droits appartenant en commun à tous les membres de l'association.

C'est là un principe d'ordre public.

Répétons-le donc : au représentant constitutionnel et légal d'une communauté appartient seul le droit de faire valoir en justice les droits de la personne morale. Les divers membres de l'être moral n'ont pas de droits individuels. — Voir Zachariæ, t. 1, 2e édition, p. 53. — Merlin, *Répertoire* V° *vaine pâture*, § 5. — Paris, 18 juillet 1814, Sirey, XV-2-63. — Cassation. 5 juillet 1828. Sirey, XXIX. 1-121.

Donc les trois propriétaires de Camp-major, demandeurs, sont non-recevables. — Ils sont non-recevables en leur action comme membres de l'association de Camp-major, comme n'ayant point les actions dont l'exercice appartient exclusivement à la communauté, légalement représentée par les syndics.

L'exception que nous leur opposons, est d'ordre public ; elle peut être invoquée en tout état de cause. Nous l'avons proposée dès le début du litige.

Nous pourrions borner là notre défense, et le Tribunal, à notre avis, doit admettre l'exception que nous venons de proposer ; mais nous tenons à cœur de montrer tout le bon droit de la cause que nous défendons, toute la témérité d'une attaque injustifiable.

Et c'est pour cela que, volontiers, nous entrons dans la discussion du fond du litige.

Analysons avec attention les titres qui servent de base au système des demandeurs. — Ceux-ci empruntent leurs arguments à deux sources :

La première est la prétendue tradition historique du comte d'Avelin. Ce seigneur féodal a fait bâtir ces moulins, en même temps que le moulin à rusque.

Ce canal qu'il a fait pour toutes ces usines, avait une destination collective qui lui donne un caractère incontestable d'unité.

Donc au-dessus, comme au-dessous des moulins, il n'y a qu'un seul et même cours d'eau. Partis de ce point, les demandeurs ajoutent : qu'en 1473, l'année même où la baronie d'Aubagne fut réunie féodalement à l'évêché de Marseille, Jean Fouque prit le moulin à rusque à bail emphithéotique, et passa une reconnaissance au profit de l'évêque de Marseille.

Arrêtons-nous un moment pour faire observer, que cette exposition historique ne repose sur aucun titre, aucun document ; qu'elle est à l'état d'affirmation sans preuve.

Nous avons déjà réduit à sa juste valeur la prétendue tradition relative au comte d'Avelin, rien ne la justifie.

Il faut donc tenir pour non advenu tout le récit historique de nos adversaires jusqu'à ce qu'ils administrent des preuves que l'on puisse examiner et discuter, preuves impossibles, puisque, comme nous l'avons dit, la comtesse d'Avelin n'a possédé qu'une année la baronie d'Aubagne, de 1425 à 1426.

Donc la prétendue unité d'un canal des moulins, commençant au pont de l'Etoile et finissant au moulin à rusque, n'existe point, n'est pas prouvée ; elle est, au contraire, démentie par la nature même des choses, l'aspect des lieux, et la déclivité du terrain.

De telles assertions doivent tout au plus être mentionnées, et ce serait perdre un temps précieux, que de les examiner avec trop de détails.

On lit encore dans le Mémoire des adversaires. page 14 : « Le 18 novembre « 1542, Antoine Demoustiers, autre fermier, passa reconnaissance de la moi- « tié du moulin commun et indivis avec Barthélemy Fouque, successeur de « Jean Fouque, à la censive d'un sol pour ladite moitié. »

Voilà encore un acte cité par les adversaires et qu'ils se gardent bien de produire, sans doute parce qu'il ne prouve rien en leur faveur, ou que peut-être même il leur est complètement défavorable, et ils n'indiquent pas même où l'on peut le trouver.

Mais que prouve l'analyse qu'ils en donnent ? — Rien, si ce n'est qu'Antoine Demoustiers tenait à bail emphithéotique le moulin à rusque.

Mais en quoi la certitude de ce fait peut-elle influer sur les droits d'irrigation du quartier de Camp-major? Qu'on nous le dise.

Cet acte parlait-il des eaux, de leur usage? — Rien ne le prouve.

S'il mentionne l'usage des eaux, dans quelles limites cet usage s'exerçait-il, dans quelles conditions ?

Voilà bien des questions, auxquelles nos adversaires sont dans l'impuissance de répondre. Il faut donc reconnaître que si en 1542, Demoustiers a passé une reconnaissance à l'Evêque pour le moulin à rusque, il n'y a rien à induire de ce fait quant aux irrigations, le seigneur possédant beaucoup de censives dans le territoire de sa baronie.

Nous arrivons enfin à un titre réel, produit, dont nous possédons le texte officiel, à la transaction intervenue, le 21 janvier 1549, entre la commune d'Aubagne et les propriétaires arrosants du quartier de Camp-major. Voilà le vrai titre de Camp-major, le seul qu'il puisse invoquer sérieusement. Aussi, le syndicat de Camp-major qui possède un registre où sont copiés tous les titres d'irrigation du quartier, un livre qui est son code, le recueil de tous ses titres, a-t-il inscrit à la première page de ce livre, et l'on a eu raison de le faire ainsi, cette transaction du 21 janvier 1549.

Nos adversaires font grand fond sur ce titre et le commentent longuement; mais le sens qu'ils lui donnent, est erroné, contraire au texte, au sens, à l'esprit de l'acte.

Analysons cet acte avec soin :

On voit dans le préambule, que la communauté d'Aubagne a présenté requête au Parlement, parce que l'écluse de Camp-major, située au-dessous d'Aubagne, fait refluer les eaux de l'Huveaune dans le fossé de Merlançon, qui ne pouvant pas dégager les eaux, va troubler la fontaine de Tharon, de telle façon que les habitants de la communauté ne peuvent prendre d'eau pour boire.

Un conseiller du Parlement est venu sur les lieux, mais la communauté et les habitants de Camp-major préfèrent transiger, en conséquence ils conviennent :

« Que lesdits particuliers de Camp-major, défendeurs, dorénavant prendront
« et seront tenus de prendre l'eau au-dessous du moulin des Grignons, sive

« de la rusque, qui est d'Antoine Demoustier et des enfants et héritiers de feu
« Barthélemy Foucou et Philippe Millonis frères, en leur payant l'intérêt qui
« sera ordonné, et aussi l'eau du Pasquier ressortissant du pré du Révérendis-
« sime seigneur de ladite ville et de la font des Lignières, lesquelles eaux et
« escapadures seront jointes dans le vallat qui viendra dudit moulin et pré
« dudit Millonis. »

Telle est la clause de la transaction de 1549, qui, d'après les demandeurs,
leur octroie les eaux du canal des moulins, pendant cinq jours de la semaine.

Ils posent comme acquis précisément ce qu'il leur faut prouver. Le procédé
est commode.

Relisons ce texte. Les particuliers de Camp-major *prendront et seront tenus
de prendre l'eau au-dessous du moulin des Grignons, sive de la rusque.*

Où donc, dans ces expressions, y a-t-il obligation de la part de la commune?

La commune dit simplement aux particuliers de Camp-major : vous détrui-
rez votre écluse parce qu'elle est nuisible à la ville, et vous ne prendrez plus
l'eau à la rivière, à l'aide de votre écluse, cela ne vous est plus permis; mais
il y a un moulin, le moulin à rusque (distant de 600 m. des moulins d'Aubagne, ne l'oublions pas), qui, après avoir fonctionné, lâche ses eaux dans la rivière. Eh bien! prenez cette eau au-dessous du moulin, prenez les eaux d'écoulement des prés de l'Evêque, de la Fontaine des Liguières, personne ne se
sert de ces eaux, vous pouvez les prendre, les réunir dans un fossé, et comme
vous perdez votre écluse, je consens à payer la moitié de la dépense.

Et, en effet, la communauté consent à l'insertion de l'article suivant :

« Item ont transigé, appointé et accordé que ladite communauté, manants
« et habitants dudit Aubagne, et aussi les particuliers de Camp-Major, défen-
« deurs, par égales portions, payeront tous autres frais et coût tant dudit pré
« dudit Millonis et autres passages qui s'achèteront pour passer et dévider
« ladite eau, que facture du vallat, depuis la propriété dudit moulin à rusque
« jusqu'à la tête du vallat de Camp-Major desdits particuliers, par lequel sou-
« loient prendre l'eau de ladite rivière de l'Huveaune. »

La communauté s'engage à payer la moitié de la dépense du nouvel établissement : rien de plus.

Qu'il nous soit permis d'insister sur ce point.

Dans cette transaction, la communauté ne s'oblige qu'à contribuer par moitié à la dépense du fossé nouveau qui dérivera les eaux au-dessous du moulin à rusque, pour les conduire dans le fossé qui recevait pour Camp-major les eaux provenant de l'écluse ; voilà la seule obligation que prend la commune en compensation de l'écluse dont les particuliers de Camp-major consentent la démolition.

Qu'on ne vienne pas équivoquer sur les termes ; lorsque la transaction porte que les particuliers de Camp-major prendront et seront tenus de prendre les eaux au-dessous du moulin à rusque, il n'y a pas là d'obligation de la part de la commune. C'est une injonction que fait la commune, et qui est la contre-partie de la prohibition de prendre les eaux dans l'Huveaune ; la contexture de la phrase l'indique suffisamment.

Ce n'est donc point une obligation, c'est une injonction rigoureuse. Aussi les mots d'obligation, d'engagement de la part de la commune, ne se trouvent-ils point dans cette clause, et de cette seule circonstance on doit inférer l'exactitude de notre interprétation.

Il faudrait n'avoir jamais lu de vieux actes pour croire qu'il y a dans ce texte l'établissement d'une obligation, d'une prestation de la part de la commune.

Qu'on veuille bien se rappeler le style des anciens notaires ; quand ils veulent exprimer un engagement quelconque, ils épuisent le Vocabulaire et multiplient les synonymes à satiété. L'ancien droit semblait affectionner les pléonasmes

Or, ici, rien de pareil ; il n'y a pas même le mot d'obligation, ou quelque autre expression équivalente qui puisse le suppléer.

Il faut donc reconnaître que la commune ne prend aucune obligation, aucun engagement.

Et remarquez : si, dans la pensée des parties contractantes, la ville d'Aubagne se fût soumise en faveur de Camp-major à une obligation quelconque quant aux eaux, n'aurait-on pas indiqué la manière d'user de l'eau ? N'aurait-on pas au moins fixé les jours, les heures, pendant lesquels les eaux arriveraient aux inférieurs ?

Quoi ? la commune s'oblige à livrer hebdomadairement des eaux à Camp-

7

major, et Camp-major est assez oublieux de ses intérêts, lorsqu'il transige so-
lennellement, lorsque l'avenir du quartier est en question, pour ne pas stipuler
quels seront les jours d'arrosage; pour ne pas faire consacrer ses droits d'une
manière formelle ?

Camp-major acquiert, d'après nos adversaires, l'intégralité de l'eau des moulins, pendant cinq jours de la semaine, sauf les jours dévolus aux propriétaires
supérieurs par la transaction de 1518, et il n'en est pas dit un mot dans un
contrat solennel !

Où sont stipulés de tels engagements ?

En vérité, la prétention de nos adversaires est tout-à-fait insoutenable, et il
faut avoir bien mal lu l'acte de 1518 pour y rencontrer ce qu'ils veulent y
trouver.

Concluons donc avec raison que dans la transaction du 21 janvier 1549, en
considérant seulement la transaction elle-même, le texte de l'acte qui la constate, on ne peut voir, de la part de la commune, l'obligation de donner au quartier de Camp-major tout ou partie des eaux de fuite du canal des moulins;
la contexture de cet acte s'y oppose; la commune ne contracte d'autre obligation que celle de contribuer aux frais du nouvel établissement.

Et si, après avoir lu cet acte, on veut en comprendre l'esprit, le sens vrai,
on y verra que c'est une mesure de police, de sécurité, prescrite par la commune.

L'écluse de Camp-major nuit à Aubagne ; Aubagne la fait détruire, et en
compensation de ce sacrifice elle payera la demie de la dépense que Camp-major
fera pour ramasser les eaux perdues et les amener à son béal.

Mais de droit à l'eau, concédé, reconnu, aucun.

Camp-major aura après ce qu'il avait avant. Rien de plus.

Et que nos adversaires veuillent bien remarquer que la communauté d'Aubagne ne pouvait, en 1549, contracter l'obligation de livrer à Camp-major les
eaux du canal des moulins, ni même du fossé d'écoulement entre le moulin
vieux et le moulin à rusque : à cette époque ces eaux ne lui appartenaient pas.

C'est en 1582 seulement, que la communauté d'Aubagne acquiert les moulins
et le béal qui leur amène les eaux de l'Huveaune.

En 1549, le propriétaire du moulin du canal et des eaux auxquelles il **sert**
de lit , c'est l'évêque de Marseille, le baron d'Aubagne.

Selon le vieux droit provençal, c'est le seigneur justicier, qui était de plein droit propriétaire des cours d'eau non navigables ni flottables, circulant dans les limites des justices du seigneur.

A ce titre, le baron d'Aubagne était propriétaire des eaux de l'Huveaune, ainsi que des eaux dérivées de cette rivière pour ses moulins.

Donc, en 1549, Aubagne ne pouvait concéder un droit à des eaux, qui ne lui appartenaient pas.

Nos adversaires conviennent de ce fait capital ; ils le reconnaissent en dix passages dans leur Mémoire.

Or, si c'est là chose certaine, avouée, que devient leur interprétation de la transaction du 21 janvier 1549 ?

Qu'ils veuillent nous dire comment il se fait que la communauté d'Aubagne ait pu faire au quartier de Camp-major la concession d'une prise d'eau dans un courant qui, de leur propre aveu, appartenait au seigneur ?

Evidemment les adversaires tombent en contradiction avec eux-mêmes, leur argumentation est tout-à-fait vicieuse; et quelque subtile que soit leur logique, nous les mettons au défi de concilier les droits du baron d'Aubagne, et l'interprétation qu'ils donnent à la transaction du 21 janvier 1549.

Est-il nécessaire de remarquer avec quelle force ce fait vient appuyer l'interprétation que nous donnons à cet acte ?

Si la transaction de 1549 a besoin d'un commentaire, d'une explication, pour que le sens que nous lui donnons apparaisse clairement, n'est-ce point dans ce fait, que nous signalons aux lumières du Tribunal, qu'il faut le chercher ?

Les demandeurs ont prévu cette objection, et ils ont essayé de la combattre, lorsqu'ils ont écrit, page 18 de leur Mémoire :

« Ils savaient (les particuliers de Camp-major) d'autre part, que si la com
« munauté d'Aubagne n'était pas, comme elle le devint trente-trois ans plus
« tard, propriétaire des moulins à blé de l'Evêque et par suite du canal des
« moulins, il existait néanmoins des titres émanés des évêques qui garantis
« saient le volume et la perpétuité des eaux du canal, et c'est sous la foi de
« ces titres, que ces transactions furent acceptées par ce quartier. »

En vérité, il faut que nos adversaires s'abusent étrangement pour espérer quelque succès d'une aussi mauvaise raison.

Quel est donc le titre émané des évêques, qui garantissait le volume et la perpétuité du cours des eaux du canal?

La transaction du 8 juin 1518, sans doute.

C'est le seul titre émané des évêques, il n'y en a pas d'autre.

Mais M. Richard et consorts oublient que cet acte qui liait l'évêque avec le quartier du Gast, en vertu duquel le Gast avait droit aux eaux, pendant deux jours de la semaine, le laissait parfaitement libre de disposer du surplus, et ne concédait rien aux inférieurs.

Le Gast ne pouvait en prendre davantage, contre le gré de l'évêque.

Mais ce dernier, baron d'Aubagne, seigneur justicier, propriétaire de l'Huveaune, du béal, des eaux du béal, comme vous le dites avec tant de complaisance, avait le droit de faire des concessions à qui bon lui semblait, et par conséquent rien ne pouvait garantir le volume et la perpétuité du cours en-dessous des moulins.

Et, ce que nous disons est si vrai, que l'évêque avait prévu le cas où il voudrait bien permettre d'arroser en dehors des limites de la transaction de 1518, puisqu'on y lit: « Mais que les autres jours et heures il ne soit permis à aucun « des particuliers de prendre l'eau dudit béal sans la permission du député à « ce sujet.»

Il y avait donc un représentant de l'évêque qui pouvait permettre de prendre de l'eau en sus de celle appartenant au Gast; qui le permettait quelquefois.

Que devient donc l'argumentation des adversaires, et où donc est ce titre de l'évêque en faveur d'Aubagne?

Et ce qui vient imprimer le dernier degré de certitude à cette démonstration, c'est l'expression même dont se sert la transaction de 1549, qui qualifie *d'escapadures* les eaux que doit recueillir Camp-Major.

Peut-on mieux indiquer le caractère casuel, éphémère de ces eaux?

N'est-il pas plaisant de voir les adversaires parler de la garantie du volume et de la perpétuité du cours des eaux, lorsque le titre primordial qu'ils invoquent ne leur concède rien, ne peut rien leur concéder, et que, dans ce titre, les eaux qui peuvent leur advenir sont qualifiées du mot provençal francisé, aussi énergique que significatif, *escapadures*?

Enfin, il est un dernier titre qui achèverait de ruiner le système des adversaires, s'il ne l'était déjà : — c'est l'acte du 9 mars 1549, notaire Mottet, à Aubagne.

Cet acte, que les adversaires qualifient inexactement de transaction entre les mêmes parties, est intitulé : Permission et licence pour la communauté d'Aubagne et les particuliers de Camp-major.

Il y est dit : « que le vallat serait meilleur et plus utile au quartier de Camp-
« major de prendre et dériver au-dessus dudit moulin et par le lieu où prend
« l'eau Jean Guin de la cité de Marseille — « et sur ce il fut par Demoustier
« octroyé aux particuliers de Camp-major de prendre et dériver ladite eau et
« faire le vallat au-dessus dudit moulin à rusque au lieu *sive* vallat où la prend
« ledit Jean Guin pour arroser sa ferrage, sauf et réservé audit Jean Guin,
« Antoine Demoustiers et à tous autres particuliers qui ont coutume de pren-
« dre et user de ladite eau, de la possession antique et récente qu'ils sont de
« prendre et user, de prendre de l'eau à suffisance pour faire virer le moulin
« dudit Demoustiers. »

Ainsi, les eaux du quartier de Camp-major étaient tellement éventuelles, tellement casuelles que, pour éviter une légère dépense, Camp-major consentait à prendre cette eau au-dessus du moulin à rusque, au lieu de la recueillir toute au-dessous, et qu'il sacrifiait à cette convenance toute l'eau nécessaire pour faire tourner le moulin à rusque.

En résumé, nous avons complétement démontré : que la transaction du 21 janvier 1549, suivie de l'acte du 9 mars de la même année, n'est point une concession d'arrosage faite au quartier de Camp-major; que le texte même de la transaction, comme son esprit, repoussent cette manière de l'interpréter; que la commune ne pouvait concéder des eaux, dont elle n'était pas propriétaire; que dans ce titre, rien ne garantit au quartier de Camp-major le volume et la perpétuité des eaux du canal; que, par ce titre, Camp-major n'a acquis aucun droit aux eaux; seulement il lui a été permis de recueillir des *escapadures*.

Donc jusqu'à présent, le droit de surveillance sur le canal des moulins, au-dessus du moulin vieux et même dans la partie du fossé d'écoulement entre le moulin vieux et le moulin à rusque, ne repose sur aucun titre.

L'acquisition faite par la communauté des moulins et du béal, en 1582, n'a apporté aucune modification à l'état des choses primitif. La communauté n'a fait aucune concession à Camp-major ; elle n'a pas non plus violé les engagements de 1549, comme le lui reproche le Mémoire des demandeurs, en laissant détourner les eaux dans la partie supérieure du béal des moulins, parce qu'elle n'avait pris aucun engagement dans cet acte.

Si bien elle n'avait pris aucun engagement, si bien l'acte de 1549 n'avait pas été une concession d'eau de sa part, qu'en 1631 elle se croit tellement maîtresse des eaux du canal, qu'elle fait par acte public, le 25 août, une concession d'arrosage aussi formelle que possible au sieur de Napollon, du quartier du Gast, pour arroser cinq panaux de terrains.

En 1640, elle réprime les entreprises de MM. de Beausset et d'Albert, qui donnent, à cette époque, la première édition malheureuse du procès actuel.

De 1780 à 1789, même résistance de sa part, couronnée du même succès, contre les tentatives non moins malheureuses de M. Demande.

Jusqu'à la fin du siècle dernier, la condition de Camp-major n'a pas changé ; il n'a que des *escapadures*. — M. de Beausset le reconnaît lui-même dans une assemblée du quartier, du 24 janvier 1745 : il le proclame.

Donc, jusqu'au XIXe siècle, nos adversaires n'ont aucun titre à invoquer à l'appui du droit aux eaux, du droit à la surveillance.

Voyons les titres postérieurs, qu'ils essaient de nous opposer :

D'abord, le cahier des charges de 1813, dont l'article 7 porte que : « l'ad- « judicataire des moulins ne pourra vendre ni détourner l'eau de quelque « manière que ce soit, ni l'employer à tout autre usage que celui des « moulins, les jours où il en aura la jouissance. Il devra la laisser couler « dans le canal ordinaire de fuite, quand même il ne s'en servirait point à « l'usage des moulins. »

Cette clause, ne l'oublions point, a été insérée dans le cahier des charges, sur la pétition adressée par MM. Ph. Richard, de Beausset, et de Montgrand, propriétaires de la vallée inférieure. — Mais quel droit donne-t-elle aux propriétaires inférieurs, contre les propriétaires supérieurs du Gast ?

Quel lien de droit établit-elle entre le quartier supérieur et le quartier inférieur ? — Aucun.

Que cette clause ait pu donner des droits aux propriétaires de Camp-major contre les propriétaires des moulins, c'est possible ; c'est une question à discuter.

Mais en quoi le Gast, en possession légale des eaux depuis plusieurs siècles avec l'établissement des moulins existant aujourd'hui, ainsi qu'une foule de pièces et de reconnaissances l'attestent, propriétaire des berges du Canal des moulins, est-il lié par un acte de l'autorité administrative ? — Comment cet acte aurait-il pu modifier les droits résultant de ses titres ?

Comment peut-il lui être opposé ?

MM. de Roux, Richard et les hoirs Borelli ne peuvent puiser dans cet acte administratif aucun argument de quelque valeur.

Un pacte qui soumettrait le quartier du Gast à la surveillance des quartiers inférieurs, ne pourrait résulter que d'un acte intervenu entre les deux quartiers, ou d'un titre primitif résultant d'une concession commune faite aux deux quartiers par la même personne.

Or, il n'y a rien de tel entre nous, et l'acte administratif de 1813 ne peut créer aucun titre contre nous.

Cela est si vrai, que, par l'article 9, les droits de tous ont été sauvegardés.

Cet acte est donc sans influence réelle et sérieuse dans la cause.

Mais, s'écrient nos adversaires, nous avons le jugement de 1838. En 1838, le Tribunal de Marseille a jugé en faveur de quelques propriétaires de Camp-major, qu'ils avaient un droit de surveillance rétrograde sur le béal des moulins ; sérieusement nous le demandons, peut-on nous opposer ce jugement ?

Il a, dites-vous, acquis l'autorité de la chose jugée ; nous voulons bien le croire. — Mais contre qui donc a-t-il acquis l'autorité de la chose jugée ?

Contre le propriétaire des moulins, contre lui seul, et remarquez bien ce point, qui a toute son importance.

Lorsque MM. de Roux, Richard, Max. Maurel et de Beausset ont obtenu contre Mme Bethfort le jugement du 3 juin 1838, sur quel titre s'est-on appuyé ?

Sur le cahier des charges de 1813, sur l'article 7 que nous avons transcrit ci-dessus. Le droit de surveillance que l'on réclamait contre le propriétaire des moulins et que le tribunal paraît avoir accordé aux demandeurs, n'est absolument motivé dans le jugement, que sur le cahier des charges.

Ce jugement ne dit pas un mot de la transaction de 1549, seul titre de Camp-major.

Le jugement de 1838 et le cahier des charges de 1813 ne sont qu'un seul et même titre. — Si le cahier des charges est le principe, le jugement est la conséquence. Mais ces titres, qui n'ont pu nuire à nos droits antérieurs et certains, n'ont pas pu davantage créer, sans nous, des droits contre nous.

Ils ne sauraient nous être opposés; ce sont, pour nous, *res inter alios acta*.

Ni le syndicat du Gast, ni aucun des membres de l'association individuellement n'y est intervenu.

Aussi, sommes-nous étonnés d'entendre les adversaires proclamer, à la page 27 de leur mémoire, une erreur qui se reproduit à chaque instant dans ce mémoire, et qui est la base fausse de toute leur argumentation vicieuse.

« Il suit de tout ce qui précède, disent-ils, et nous croyons la chose « suffisamment prouvée, que les moulins ont droit aux eaux du Canal, du « lundi midi au samedi midi, à la charge par eux de les rendre intégralement « et sans les détourner, aux quartiers inférieurs. »

« Les droits de ces quartiers et partant des sieurs de Roux, Richard et « des hoirs Borelli sont donc bien définis.

« Il consistent en la faculté d'user de toutes les eaux auxquelles les moulins « eux-mêmes ont droit, c'est-à-dire des eaux du Canal, pendant cinq jours. »

Quelle manière commode de raisonner ! Que les moulins aient droit aux eaux du Canal, c'est incontestable.

Que MM. de Roux et consorts puissent user des escapadures, c'est un fait qui leur profite; mais que les droits des moulins contre le Gast soient aussi les droits de Camp-major contre le Gast, c'est ce que nous nions, et c'est ce que les adversaires doivent prouver.

Et quel titre ont-ils pour cela à nous opposer? aucun, absolument.

Et c'est par une confusion volontaire entre les droits des Moulins contre le Gast, et leurs droits, à eux, Camp-major contre les moulins, droits bien distincts, bien déterminés, que nos adversaires essaient de faire admettre une prétention impossible.

Nous le répétons : de Camp-major au Gast, aucun titre commun, aucun lien de droit. Si on admettait le raisonnement des adversaires, il faudrait alors admettre que le Gast a, à son tour, des droits contre les arrosans supérieurs, Auriol, Roquevaire, etc., ce qui est inadmissible.

Nous ne parlerons pas longuement des prétendus titres, que les demandeurs croient trouver dans des jugements qui auraient été rendus par le juge-de-paix d'Aubagne, en 1822, 1823 et 1824.

Nous avons réduit ces jugements à leur juste valeur ; nous avons vu de quelle manière subreptice ils avaient été obtenus ; nous avons vu pareillement que dans le seul procès, celui de Poucel, où il y ait eu discussion, MM. de Beausset et Richard ont succombé, et qu'ils se sont bien gardés de vouloir faire juger alors la question foncière, qu'ils ont eu l'imprudence de soulever aujourd'hui.

Et pour en finir avec ces jugements, observons que pas un n'a été rendu contre le syndicat du Gast, et qu'ils ne sauraient ni légalement ni loyalement lui être opposés. On ne combat pas au grand jour avec des armes pareilles.

Et maintenant que nous avons analysé, expliqué et commenté ce que MM. de Roux et consorts appellent leurs titres, ne pouvons-nous pas dire hardiment que Camp-major n'a droit à aucun volume d'eau déterminé ?

Et que la transaction de 1549, pas plus que l'arrêté de 1813, ne crée au profit de ce quartier aucun droit certain, déterminé, positif à un volume d'eau ?

Et si cela est ; si Camp-major n'a droit qu'à des escapadures (droit qui se réduit au fait de les recueillir telles quelles), où donc MM. de Roux et consorts puisent-ils ce droit de surveillance dans nos propriétés, qu'ils réclament avec tant d'insistance ?

Un tel droit, si vexatoire, si odieux, si ruineux pour nous, ne peut résulter que d'un titre certain, il ne se présume pas.

Or, certainement, il ne résulte ni de la transaction de 1549, ni de l'arrêté de 1813. Que les demandeurs aient des droits contre les propriétaires des moulins, c'est possible ; contre nous, ils n'en ont aucun. Nos droits à nous sont écrits dans la transaction de 1518 ; elle règle nos rapports avec le propriétaire des moulins, mais ce pacte vous est étranger, tout comme celui de 1549 l'est pour nous.

De vous à nous, de Camp-major au Gast, jamais aucun lien de droit, jamais rien qui nous lie et nous enchaîne; du pont de l'Etoile aux moulins, vous n'avez rien à voir, rien à prétendre.

Avez-vous jamais contribué aux dépenses d'entretien de ce canal, que vous dites vôtre? Avez-vous jamais donné un centime de cotisation à ce sujet?

Non, jamais.

Donc, MM. de Roux et consorts, propriétaires de Camp-major, n'ont pas sur nos propriétés, sur nos berges, sur nos arrosages un droit de surveillance.

La justice ne sanctionnera pas une prétention qui ne va à rien moins qu'à diminuer, détruire même, nos droits de propriété en faveur d'un prétendu droit de surveillance tout éventuel, qui n'a ni étendue fixée, ni limites déterminées, ni bases certaines, qui ne repose sur rien, qui ne s'appuie sur rien, et tendrait d'ailleurs (le fait le prouve) à tourner en tracasserie.

Le Tribunal rendra justice à l'association du Gast; il la protégera contre l'agression audacieuse, injuste, de quelques propriétaires, qui renouvellent, en 1853, une vieille querelle, dans laquelle leurs prédécesseurs ont succombé, en 1640, en 1789, en 1824. En 1853, ils ne seront pas plus heureux que leurs devanciers.

Notre tâche est maintenant accomplie. Nous avons démontré nettement, du moins nous l'espérons, que MM. de Roux et consorts, soit comme propriétaires de deux parcelles dépendant de l'Evêché, soit comme arrosans du quartier de Camp-major, n'ont droit qu'à des *escapadures*, qu'à l'eau qui se trouve dans le canal de fuite des moulins.

Qu'ils n'ont aucun droit à l'eau du Canal des moulins.

Qu'ils n'ont aucun droit de surveillance à exercer sur les quartiers supérieurs, sur les arrosages du Gast.

Qu'ils n'ont aucun titre qui leur donne droit contre le Gast à un volume d'eau, à une quotité d'eau déterminée, à une surveillance dans les propriétés du syndicat.

Leur demande doit donc, en supposant que le Tribunal la croie recevable, être repoussée comme dénuée de fondement.

Par suite, ils doivent succomber dans leur demande en dommages-intérêts.

Et sur ce point, notons en passant, qu'en admettant hypothètiquement que Camp-major eût un droit certain aux eaux du Canal des moulins, qu'il eût un droit de surveillance sur ce canal et sur ses berges, qui sont la propriété des arrosans et des possédans biens limitrophes et non du sieur Maurette, propriétaire des moulins; en admettant tout cela, Camp-major n'aurait pas encore justifié qu'il y ait eu abus des eaux, prise d'eau illégale de la part du Gast, et que partant des dommages-intérêts lui fussent dus.

Pour établir cela, il faudrait que Camp-major, qui a bien plus d'eau que le Gast, qui a les eaux de fuite cinq jours, alors que le Gast n'a que deux jours les eaux du Canal des moulins, sauf les fêtes chômées et les trous de la grosseur d'un œuf; il faudrait, disons-nous, que Camp-major, qui, dans cette situation trop favorisée, se plaint cependant, sans preuves, d'usurpation, de soustraction d'eau, établît que les 16 et 17 juillet 1851, jours où les onze procès-verbaux ont été dressés, le Gast a pris, ces 2 jours durant, plus d'eau qu'il n'avait le droit d'en prendre par les trous de la grosseur d'un œuf.

Or, cette preuve, il ne la fait pas : ces trous donnent un volume d'eau suffisant pour arroser 24 hectares 20 centiares (art. 31 du règlement du 1er mai 1850), et les procès-verbaux réunis établissent qu'il n'y a eu arrosage que de 3 à 4 hectares (37,972 mètres carrés).

Mais les adversaires qui ne méconnaissent pas ce droit à l'arrosage par les trous de la grosseur d'un œuf, droit méconnu par le sieur Maurette, avec lequel ils font cause commune (voir, pour être édifiés sur ce point, les procès faits avec une cordiale entente par les uns et par les autres contre le Gast), les adversaires triomphent en nous disant : ces trous n'existaient pas.

De tout temps ils ont existé, voir procès-verbal en date du 21 mars 1772, et les actes anciens qui en parlent.

Le jugement du 1er mai 1850, dont excipent les adversaires, consacre notre droit à ces trous : en vertu de ce jugement, et par les soins de M. de Tournadre, à ce commis, on allait les établir, conformément à ce jugement, lorsque M. Maurette, manœuvrant de concert avec M. de Roux et consorts, s'est opposé à leur établissement.

Mais établis ou non, le Gast, sur toute la longueur de son canal, a droit à l'eau de ces trous; et qu'on ait pris l'eau par ces trous, ou qu'on l'ait prise par un autre mode, il n'y a pas ouverture à des dommages-intérêts en faveur des inférieurs, si l'on n'a pas pris une plus grande quantité d'eau ; le jugement du 8 juin 1852 lui-même a proclamé et légitimé contradictoirement avec les adversaires la possession constante qu'a le Gast d'arroser, pendant la semaine, jusqu'à concurrence de la valeur de six trous de la grosseur d'un œuf.

Or, nous l'avons dit, le Gast n'a pris, pendant ces deux journées des 16 et 17 juillet, qu'une quantité d'eau bien moindre que celle à laquelle il avait droit.

Donc, en admettant même au profit de Camp-major un droit qui ne lui appartient pas, il n'y aurait pas lieu encore à lui allouer des dommages-intérêts.

Cela admis et posé, nos adversaires doivent être déboutés d'une demande basée sur des griefs imaginaires que rien ne justifie, qui ne s'appuie sur aucun titre ; qui est repoussée par la tradition, l'usage antique, tous les faits, tous les actes. Ils ne sont ni recevables ni fondés en leurs prétentions, il ne leur est rien dû.

Tout au contraire, ils ont, sans droit, violemment et sciemment violé nos propriétés.

Ils se sont introduits chez nous, sur les berges du Canal, qui sont notre propriété et non la propriété du sieur Maurette, ainsi qu'il sera facile de le prouver, en l'état surtout du jugement rendu par le Tribunal civil de Marseille, le 4 juin 1853, lequel réformant un jugement du Juge-de-Paix d'Aubagne, maintient les hospices de ladite ville en possession des francs-bords du canal. Ils ont violé nos droits de propriétaires, et dès lors, ils doivent être condamnés envers nous, pour réparation de la violation de nos propriétés, en telle allocation qu'il plaira au Tribunal fixer.

Nous nous en rapportons entièrement sur ce point à l'appréciation de nos juges ; nous ne plaidons pas pour obtenir une somme d'argent, mais pour faire consacrer un principe, et défendre nos propriétés et nos droits.

Du reste, en fait, et cette considération est la dernière : Camp-major regorge d'eau. Non content d'avoir laissé augmenter, même par titres, les irrigations dans le territoire de son association, il laisse gaspiller l'eau sur bien des points, et notamment à la prise de la Franchisque, à la tannerie de M. Imbs, au moulin à rusque, à l'Evêché, chez M. Richard ; on force les arrosages, même au-dessus du niveau du béal, au grand détriment de la masse des eaux. Et ce serait lorsqu'on agit d'une manière aussi large dans la partie inférieure de la vallée d'Aubagne, que l'on viendrait prétendre droit d'inspection directe sur les terres de la vallée supérieure, auxquelles la nature a concédé une antériorité qui lui assurerait un privilège légal, si les titres des moulins ne venaient les réduire à une situation pire, que celle assurée aujourd'hui au riche quartier de Camp-major ?

Il ne s'agit pas pour les quartiers supérieurs d'augmenter les irrigations, comme on l'a fait à Camp-major ; mais de conserver intacts leurs droits d'arrosage, tels qu'ils ont été de tous temps établis.

Le Gast ne veut pas abuser des eaux, le propriétaire des moulins saurait bien s'y opposer : mais il veut et doit faire respecter ses droits, et repousser des prétentions vexatoires, que rien ne justifie.

Notre cause est juste, elle triomphera.

Nous en avons pour garans notre bon droit, les lumières et la haute impartialité du Tribunal.

Par ces motifs, les Syndics du Gast concluent :

PLAISE au Tribunal débouter les sieurs Richard, de Roux et hoirs Borelli de leurs fins et conclusions, tant comme non recevables, que comme mal fondés, avec dépens.

Reconventionnellement les condamner solidairement à six mille francs de dommages-intérêts, en réparation du préjudice causé aux possédans biens du Gast pour la violation de leurs propriétés, avec dépens.

Sauf d'amplier ou modifier.

Et sous réserves expresses et formelles de tous droits et actions.

BERTHOU fils, *Avocat.*

PÉLISSIER, *Avoué.*